MUJER, CREA

OMAYRA FONT

MUJER, CREA

DESPIERTA TU CAPACIDAD CREATIVA

WHITAKER
HOUSE
Español

Editado por: Ofelia Pérez

Mujer, crea
Despierta tu capacidad creativa

ISBN: 978-1-64123-632-4
eBook ISBN: 978-1-64123-633-1
Impreso en los Estados Unidos de América
© 2021 por Omayra Font

Whitaker House
1030 Hunt Valley Circle
New Kensington, PA 15068
www.espanolwh.com

2 3 4 5 6 7 8 9 10 11 〰 28 27 26 25 24 23 22 21

DEDICATORIA

Dios me ha regalado más amigas de las que merezco. Hoy quiero dedicar este libro a tres de ellas, cuya creatividad sobrepasa la de muchas mujeres, y siempre me han inspirado a ser la mejor versión de mí misma.

Pastora Marta Gómez, durante 27 años he servido a Dios de la mano de ministros maravillosos como tú. Nos unen muchas cosas: el amor por Dios, la dedicación al ministerio, el amor por nuestros esposos y familia, y el llamado de Dios sobre nuestras vidas. Pero, nos une también la creatividad. Ambas amamos la costura, el tejido, la cocina, la joyería y tantas cosas que son parte de nuestras conversaciones y creaciones. Gracias a Dios por ser como eres, por tu dedicación y por inspirarme cada día. Marta y yo buscamos tiempo para crear juntas, haciendo pulseras, sortijas y cosiendo.

A mis amigas, Nodelis "Loly" Figueroa y Vaneska "Vane" Arboleda. Loly y Vane han trabajado conmigo por décadas. Las historias de todo lo que hemos inventado juntas son demasiadas. Hemos hecho eventos, concursos, cumpleaños, quinceañeros, bodas, escenografías, decoración, pasarelas, conferencias, y todo lo que se nos ha ocurrido inventar. Nuestras frases son "de la manga productions" (cuando literalmente tenemos que inventar de la nada).

Hoy quiero dedicarles este libro, Nodelis y Vaneska, porque no puedo hablar de creatividad sin honrarlas a ustedes, mis amigas, que han corrido y hecho realidad cada idea sin importar lo alocada, inoportuna o imposible que parezca. Ustedes han sido las creativas a mi lado que, en el ministerio y en los negocios, nos han ayudado a alcanzar hasta lo inimaginable.

Doy gracias a Dios que no conocen límites, o al menos no han permitido que ningún límite nos detenga. Mi fe se ejercita con cada proyecto realizado. Gracias por cada "sí", cuando posiblemente la tarea es dura y merece un "no". ¡Cuántos proyectos y memorias juntas! Yo seguiré produciendo ideas para retar la creatividad en ustedes… o al menos así parece muchas veces. Ustedes seguirán demostrando que para el que cree, ¡todo es posible! Gracias por no vivir en la zona de comodidad y dar todo porque cada proyecto se haga, sí o sí.

Rodearnos de personas con potencial es maravilloso. Poner ese potencial al servicio de Dios es increíble. Mis amigas Marta, Nodelis "Loly" y Vaneska "Vane", me han ayudado a mantenerme pensando, creando, inventando, y con ellas he logrado potenciar mis talentos, cultivar mi creatividad y ayudar a tantas mujeres. Gracias, amigas, sin ustedes la historia sería diferente.

A Marta, Loly y Vane les digo… *"Muchas mujeres hicieron el bien; mas tú sobrepasas a todas"* (Proverbios 31:29, RVR 1960). Las reconozco por sus proezas, imaginación y creatividad.

AGRADECIMIENTOS

No ceso de dar gracias a Dios por mi familia, nuestra maravillosa Iglesia Fuente de Agua Viva y todo el equipo de Whitaker House Español que me han dado el espacio, tiempo y herramientas para cada libro.

Hoy tengo un agradecimiento especial en mi corazón para mis lectoras y para todas las Divinas. El insumo de ustedes, cada palabra de amabilidad, cada etiqueta en las redes sociales, cada encuentro, me inspiran a continuar poniendo en letras lo que Dios pone en mi corazón. Mi gratitud y compromiso está con ustedes. Sus historias me fortalecen, me animan y son el combustible para seguir adelante.

Gracias por su confianza, por influenciarme ustedes a mí, por devolverme tanto. A través de cada testimonio, anécdota e insumo que me comparten reafirmo mi fe de que ninguna palabra cae al suelo sin ser transformadora y cumplir el propósito con el cual Dios la envía.

POR MEDIO DE LA FE, TU CREATIVIDAD SE CONVIERTE EN UN INSTRUMENTO PARA TOCAR EL MUNDO ESPIRITUAL Y BAJAR DISEÑOS DE DIOS A LA TIERRA.

ÍNDICE

INTRODUCCIÓN

"En el principio creó Dios los cielos y la tierra".
(Génesis 1:1)

Es imposible hablar de la creatividad sin hacer referencia a las primeras palabras de la Biblia. La Biblia enseña que el universo, incluyendo toda la materia, tuvo un principio, y que llegó a existir a través del evento que llamamos "La Creación", que no es otra cosa sino la creatividad de Dios en acción.

Al igual que mis libros previos a este, *Mujer, valórate* y *Mujer, sueña*, no tienen la profundidad teológica que ameritan los temas del valor y los sueños, esta obra, donde tocaremos el tema de la creatividad, tampoco tendrá el extenso contenido teológico que ameritaría el tema. Aspiro a que los temas del "valor", los "sueños", la "creatividad" y el próximo libro que tratará del "emprendedurismo" toquen la fibra de toda mujer que lea estos libros.

Sobre todo, aspiro, a la vez, a que despierten en ellas el hambre y la necesidad de entender cuán importantes son estos cuatro principios como fundamento para que tengan éxito y se sientan realizadas en todas las áreas de su vida. Este es mi sincero anhelo para con todas las mujeres.

Sin pretensiones de entrar en temas teológicos o religiosos, es necesario tener presente que la primera característica, atributo y acción que Dios quiere que sepamos de Él es su creatividad. En palabras simples, Dios es creador. Independiente de tu creencia, quiero que tomes el tiempo para analizar conmigo lo importante de esta expresión.

Dios, el Creador de absolutamente todo, al pronunciar su Palabra según registrada en el capítulo 1 de Génesis, hizo que el mundo apareciera y existiera. No solamente eso, sino que cuando prestamos atención a esa creación en cuanto a la diversidad de contenido: colores, olores, formas, texturas, en fin, la complejidad y profundidad de toda la creación, no nos puede quedar la más mínima duda de la capacidad infinita de la creatividad a través de Dios. Más aún, tenemos que entender que la creatividad es una facultad divina.

Entender la dimensión de complejidad y profundidad que contiene la creación de Dios no es algo que pueda lograrse mediante simples mecanismos de razonamiento humano, pues para ello es necesario el ejercicio de la fe. La Biblia nos dice en Hebreos 11:3 (RVR 1960):

> *Por la fe entendemos haber sido constituido el universo por la palabra de Dios, de modo que lo que se ve fue hecho de lo que no se veía.*

Sin la fe, no podemos entender la creación de Dios.

En *Mujer, valórate* establecimos el fundamento. Cuando una mujer se valora, aún cuando su vida no haya tomado el rumbo que quería, hay algo que se despierta en su interior que la empuja, la mueve y la enciende. Una mujer que se valora entiende que puede convertir su vida en aquello que desea y anhela. Contrario a las mujeres que vivieron en tiempos de limitaciones por causa de su género, hoy no tenemos esos límites y podemos en efecto alcanzar todo lo que nos propongamos, siempre de la mano de Dios.

En *Mujer, sueña*, dimos continuidad al tema del valor, pero entendiendo que como mujeres tenemos la capacidad de superar nuestros propios límites. En *Mujer, valórate* trabajamos con los límites que nos intenta poner la sociedad y que aceptamos por causa de la cultura y las premisas equivocadas, sin entender que van en contra del diseño de Dios para la mujer. En *Mujer, sueña*, trabajamos con aquellos límites que nos ponemos a nosotras mismas. Cuando una mujer sueña entiende que posee su futuro dentro de ella misma y que nunca es tarde para luchar por sus sueños.

Ahora, en *Mujer, crea*, mi anhelo es despertar en ti tu capacidad creativa. Después de haber creado contenido para mujeres desde el 1998 cuando preparé mi primera conferencia de mujeres, he visto de primera mano a miles de ellas creer que les "falta algo". Me refiero a esa obsesión que muchas veces tenemos de mirar aquello que nos falta.

La creatividad no es resultado de la suerte. No hay datos científicos que sustenten que ni hombres ni mujeres sean más creativos por su género. Claro, siendo el Premio Nobel el símbolo definitivo de los logros innovadores, solo el 5% de todos los ganadores del Premio Nobel han sido mujeres.[1] Al tomar en cuenta que las mujeres constituyen más del 50% de la población mundial, muchos pueden asumir que los hombres son más creativos que las mujeres.

Solo 22 mujeres han ganado Premios Nobel en los 119 años de su historia. Y, aunque solo 22 mujeres han ganado el premio, la realidad es que 23 premios han sido entregados a mujeres. Madame Marie Curie no solo fue la primera mujer en ganar un Premio Nobel en el 1903, sino que también ha sido la única mujer en la historia en ganarlo dos veces cuando en el 1911 repitió su hazaña. De esos 23 Premios Nobel a mujeres, 7 han sido en la última década.[2] Las mujeres vamos avanzando en ese campo que históricamente ha sido dominado por el hombre.

Los resultados de los Premios Nobel no son suficientes para aseverar si la creatividad está determinada por la biología de un hombre o de una mujer. La data sí sustenta el hecho de que las personas poco creativas al igual que los creativos exitosos son moldeados por sus entornos. Un segundo elemento es la influencia de personas. Los creativos generalmente atribuyen su inspiración a modelos a seguir, mentores, colaboradores y/o colegas.

---

1. Consulta en línea: https://www.creativitypost.com/article/does_science_prove_men_are_more_creative_than_women.
2. Consulta en línea: https://www.larepublica.co/globoeconomia/en-la-historia-solo-22-mujeres-han-ganado-un-nobel-de-medicina-fisica-o-quimica-3071040).

LA CREATIVIDAD ES LA APTITUD DESEADA PARA SALIR DE LA ZONA DE COMODIDAD.

Mi propia historia de creatividad así lo testifica. Hay personas que nacen con talentos especiales. Yo nunca me destaqué por ninguno especial, excepto mi capacidad de hablar y tener un "don de gente". Todas mis capacidades consideradas creativas las he aprendido de mis entornos: mi mamá, mis tías, y amigas creativas que me han influenciado y ayudado a desarrollar muchos talentos que no me fluyen naturalmente.

Sé coser, tejer, hacer joyería, diseños de prendas y ropa, manualidades, cocina porque me he rodeado de personas que me han inspirado, enseñado y retado. Todo eso me gusta. Bueno, en realidad me encanta. Pero muchas de mis creaciones son el producto de la necesidad o el deseo de "hacer algo".

DOS MENTES DE ACUERDO EN CREAR UNA SOLUCIÓN

No sé si has escuchado la historia de cómo fueron creados los famosos papeles para notitas llamados *Post-it Notes*, conocidos en algunos lugares como notas "quita y pon". Yo uso *Post-it Notes* a diario, de hecho, a veces parece ser la inspiración detrás de la decoración de mi oficina porque muchas veces mi escritorio, monitor de computadora y mis libretas están forrados de los famosos papelitos en los colores más brillantes. Este libro estuvo plasmado en *Post-it Notes* en una pared de mi oficina por varias semanas.

Los útiles papeles para notas que hoy lucen como algo tan simple y cotidiano son el producto de unos intentos científicos muy elaborados para buscar una solución a un problema mayor. Lo que luce como simple y común, muchas veces es el producto de mentes inteligentes que buscaban soluciones.

El Dr. Spencer Silver, científico de la compañía 3M, para el 1968 buscaba desarrollar un pegamento que pudiera ser utilizado en aviones. Él deseaba inventar un adhesivo fuerte y resistente. El resultado fue todo lo contrario. Su arduo trabajo alcanzó a diseñar un pegamento débil y que no dejaba residuo alguno en las superficies. Un detalle peculiar era que podía ser reusado múltiples veces. Como parte de sus responsabilidades para la empresa en la que trabaja, Dr. Spencer tenía que hacer presentaciones y seminarios en los cuales entre muchas cosas presentaba este débil pegamento.

A esta historia se suma un caballero llamado Arthur Fry, quien trabajaba para la misma empresa desarrollando productos. Arthur asistía a la iglesia presbiteriana y participaba en el coro. Arthur utilizaba papelitos con los que marcaba las páginas de los himnos que debían leer. Esto no resultaba una buena idea, ya que estos papeles fácilmente se caían y él se enfurecía porque no podía retener la referencias a las páginas que se utilizarían.

En medio de su frustración se acordó de los seminarios que dictaba Dr. Spencer donde hablaba de este pegamento débil, pero al mismo tiempo resistente. El siguiente lunes, cuando fue a su trabajo, comenzó a desarrollar lo que hoy conocemos como las *Post-it Notes*. Tomó año y medio el perfeccionar el pegamento para que pudiera ser utilizado de la manera en que hoy lo hacemos. No fue un éxito de primera intención, pero luego de varios años se hicieron muy populares.

Para algo tan simple, pero tan exitoso, se necesitaron dos mentes inteligentes. La creatividad necesita colaboración y entorno creativo. Una idea creativa toma inicio con una mente brillante que necesita de otra para que pueda llevarlo a otra dimensión.

Así anhelo que sea el mundo de todas las mujeres que lean este libro. De la misma manera que mi mamá, mis tías y mis amigas me inspiran a crear, quiero que tú encuentres tu propio grupo de inspiración que te haga buscar más allá, que te despierte la curiosidad y te rete a crear.

Por esto comencé este libro con las primeras palabras de la Biblia: *"En el principio creó Dios los cielos y la tierra"* (Génesis 1:1, LBLA, RVR 1960). Por un momento ponte en los zapatos de Arthur Fry necesitando resolver un problema y no sabiendo cómo hacerlo. Por años, el Dr. Spencer había hecho disponibles unos resultados de su sabiduría; solo necesitaba de alguien que los pusiera en práctica.

Me pregunto cuántos problemas que experimentas hoy ya tendrán la solución, solo que necesitas conectar los puntos, tener el entorno creativo necesario y la colaboración de otras mentes creativas. Por cada Dr. Spencer hace falta un Arthur Fry, y para las ideas creativas divinas, solo faltas tú.

En todos los contextos de tu vida necesitas producción de ideas para potenciar tu creatividad. No quiero que tomes la creatividad como algo simple y sencillo, ni mucho menos como algo complicado. La creatividad es lo que es. Todo aquel que se va a algunos de estos dos extremos se queda estancado y cede sus capacidades creativas al destino. Para ser creativos se tiene que fluir entre estos dos conceptos estando pendientes a pequeños detalles que te ayudarán a provocar los resultados que anhelas. Entre esos detalles las personas que te rodean y te inspiran son claves.

LA CREATIVIDAD ES UNA NECESIDAD

Te preguntarás por qué es necesario el ser creativo. Todos los aspectos de nuestras vidas y del éxito demandarán momentos creativos en ciertas instancias. Como esposa, madre, empresaria, ministro, autora, entre otras cosas, yo te doy fe de que en todos mis sombreros he tenido que hacer uso de la creatividad para tener éxito.

Puede ser que alguna vez te hayas preguntado: ¿si he estudiado, tengo el entusiasmo y estoy dispuesto a trabajar duro, por qué no avanzo en mi trabajo, empresa o vida personal? Estudios, pasión o inspiración, trabajo duro son ingredientes maravillosos e importantes para el éxito, pero no son todo.

¿Qué tal si el trabajo duro lo haces únicamente manteniendo una rutina o hábito que te hace dar vueltas en círculos? Avance y progreso se encuentran mirando más allá de lo que normalmente miramos. Es salirnos del piloto automático, aunque sea por un momento, y mirar la vida desde otro punto de vista. Es mirar las cosas desde otra perspectiva.

Creo que, si has leído algunos de mis pasados libros y me sigues en las redes sociales, conoces que soy una fiel creyente en las estructuras diarias. Creo en el poder de las rutinas de éxito y trato de educar a mis hijas de esa misma manera, pero al mismo tiempo creo que cada cierto tiempo la vida se merece que la miremos desde otra perspectiva. Ahí entra la creatividad que todos tenemos dentro de nosotros y que yo he puesto en marcha en todas las áreas de mi vida. Amo las rutinas, pero detesto el sentido de estancamiento y la monotonía.

Entiendo que las rutinas y estructuras nos dan seguridad, pero esa misma seguridad nos puede limitar. Por un momento piensa en alguien que admiras. Piensa en alguien que ha logrado algo que algún día quisieras alcanzar. Te aseguro que si pudieras hablar un rato con esa persona te darías cuenta cuánto la creatividad ha sido un factor en su desarrollo. Quizás no te diga verbalmente que ha sido creativo, pero te hablará de cómo ha tenido que retar las ideas tradicionales en su campo, te hablará de cómo vio oportunidades donde otros miraban problemas, te hablará de cómo se ha atrevido a ser criticada o criticado, te hablará de cómo no permitió que sus fracasos o errores le detuvieran.

Yo podría seguir escribiendo más premisas de esa conversación que hoy es imaginaria, pero que sé que la has tenido muchas veces. Creo que ya recibiste mi punto. Para lograr éxito hace falta ser creativo.

Es mi deseo retarte, pero sobre todo mostrarte que tienes todo lo necesario en ti para fluir creativamente hacia el futuro que te has propuesto. Aquí vas a encontrar a la mujer empoderada que vive dentro de ti. Al conocer tus fortalezas específicas, descubrirás tus actitudes particularmente fuertes, como la autoeficacia y la verdadera confianza en ti misma.

De tu lado tendrás la resiliencia, la asunción de riesgos y la persistencia, para guiarte en el camino hacia descubrir tu creatividad. Quizás no pintarás la Mona Lisa, no compondrás una pieza como Mozart, ni escribirás un musical como *Hamilton*, pero con lo que aprenderás aquí lograrás mostrarle al mundo la mejor versión de ti, haciendo uso de tus talentos. Si hoy no los conoces, tendrás la inspiración para buscarlos hasta encontrarlos. Porque de que hay creatividad dentro de ti, ¡la hay! Eso te lo garantizo. Eres valiosa. Tus sueños son importantes. Tu creatividad es el instrumento de Dios para alcanzar tus sueños.

LA CREATIVIDAD NECESITA COLABORACIÓN Y ENTORNO CREATIVO.

RECONOCER UNA EMOCIÓN
NEGATIVA CON TUS
PROPIAS PALABRAS PUEDE
REDUCIR LA INTENSIDAD DE ESA
MISMA EMOCIÓN.

CREATIVIDAD: MIRAR EL MUNDO E IMAGINARLO MEJOR

1

Definir el concepto de "creatividad" es más complejo que simplemente buscar una definición en el diccionario, o incluso la misma acción de ser creativo. Descubrí que, aunque hay una definición simple en el diccionario, la cual veremos en un momento, las definiciones del concepto de creatividad van desde lo simple hasta lo muy profundo. De hecho, en cada profesión o cada área de peritaje existe una definición de este término. Por ejemplo, los artistas definen creatividad de una manera diferente a los empresarios.

En el *Diccionario de la Real Academia Española* se nos dice que creatividad es la "facultad de crear, capacidad de creación". Por un momento enfoquemos en las palabras facultad o capacidad. Si es una facultad o capacidad, puede ser aprendida, desarrollada y maximizada. Si es una facultad, eso me dice que se puede cultivar y promover. Esto contrasta grandemente con la premisa popular de que "se nace con el talento creativo".

Esta es una verdad que desde ahora debes tener presente. Todos podemos desarrollar ciertas habilidades que nos permitirán tener creatividad en nuestras vidas y mejorar nuestro desempeño en todas las áreas. No quiero provocar una burbuja con la premisa errada. Cualquiera puede pintar, aunque entiendo que no todos pintarán como Van Gogh, Picasso o Monet. Pero de que podemos todos pintar, ¡pues claro que sí! De eso están convencidas mis hijas. Siempre he cultivado la creatividad en ellas. Tengo que reconocer que en muchas áreas son como yo. No tienen talentos naturales. Pero en la persistencia, también son como yo. No se dan por vencidas. Hoy mi casa está llena de pinturas en canvas que ellas han hecho. Yo las aplaudo y admiro como si fueran dignas del Louvre.

La realidad es que hay personas que nacen con ciertos talentos que Dios pone en ellos y debemos admirarlos y celebrarlos. Pero no ser como Van Gogh, Picasso o Monet y no tener sus resultados, no debe limitar tu capacidad creativa en esa, y ninguna, área.

Te digo, a veces mis hijas me muestran cosas que lo único que me surge decirles es "wow, qué original", "qué único". No les puedo decir "qué lindo", porque les miento. Ellas saben que mientras mamá sea su audiencia, sus elogios van a estar seguros. Y eso está bien, mientras ellas sepan que siempre tienen que esforzarse y no pueden descansar solo en mis elogios porque mi opinión no va a ser la más objetiva del mundo. Yo tuve unos padres que así hicieron conmigo, siempre me elogiaron, dejándome saber que para que todos vieran lo que ellos veían, hacía falta esfuerzo, trabajo, dedicación y nunca darse por vencido.

Entre las definiciones de la palabra "creatividad", en el diccionario se encuentra que "es la habilidad de trascender ideas tradicionales, reglas, patrones, relaciones, o cosas similares, y crear significado, nuevas ideas, formas, métodos, interpretaciones; originalidad, ser progresivo o imaginativo".[3]

La "creatividad" se define como una idea nueva, buena y útil. La creatividad requiere extraer de las riquezas del conocimiento almacenado en nuestros cerebros y hacer conexiones entre las diferentes ideas, para resolver un nuevo problema o producir algo nuevo. Creatividad es conectar cosas. Solo con esta definición estoy segura de que te están fluyendo ideas, que estás recordando los momentos en los que sí has sido creativa y quizás no te diste cuenta.

En muchos de mis eventos para las mujeres, luego de todo el "rush", muchas veces me preguntan de dónde salió alguna idea, y tengo que decir, es el producto de la gente que me rodea, y ver una cosa aquí y otra allá. En mis viajes, siempre mis ojos están bien abiertos. Cuando veo algo que me gusta le tomo fotos, no necesariamente porque tenga un uso específico. Simplemente confío en que más adelante me servirá de inspiración para algo. Incluso, cuando veo algo que le puede servir

---

3. Consulta en línea y traducido de: https://www.dictionary.com/browse/creativity.

a impulsar la creatividad de alguna otra persona, se lo envío también.

Cuando le preguntas a una persona creativa cómo hizo algo, muchas veces no tiene una explicación concreta de su proceso. Simplemente, pudo ver algo que otros no veían. Para ella es algo obvio.

Una definición bastante abarcadora es postulada por Drevdahl (1956), quien plantea que la creatividad es la capacidad de las personas para producir composiciones, productos, o ideas de cualquier clase, las cuales son esencialmente nuevas, y previamente desconocidas para quien las produce.[4]

La esencia de la creatividad es mirar al mundo alrededor nuestro desde su estado actual, y entonces imaginar y producir posibilidades que no se ven inmediatamente. Y mirar es una gran clave. La creatividad necesita ojos abiertos que miren lo natural, pero miren también las posibilidades. La creatividad es producto de un estado, un proceso y de la capacidad de trascender a la situación presente.

ES DE HUMANOS SER CREATIVOS

Tuve la oportunidad de viajar con mi familia a Alaska y visitar algunos lugares donde las águilas construyen sus nidos. Es impresionante observar estas grandes estructuras en los árboles. Estos nidos toman años de construcción y tienen una función en particular. Aunque impresionante, la realidad es

---

4. "Aproximación teórica al concepto de creatividad: un análisis creativo," Edilberto Arteaga-Narváez, Ms., Ed. D.; © Revista Paideia Puertorriqueña Universidad de Puerto Rico. Recinto de Río Piedras, Vol. 3, Num. 1, Año 2008.

que, con ver un nido, casi tenemos ese sentimiento de que los hemos visto todos. O sea, todos son iguales y a la misma vez, todos son diferentes. Lo único que varía es el tamaño de algunos y la ubicación. La labor de crear un nido, ya sea de un águila, o cualquier ave, es de carácter instintivo. Los nidos no tienen "diseño". No varían en color, materiales, ni forma.

El ser humano es la única especie capaz de crear cosas complejas, no por instintos, sino a través del uso consciente de sus capacidades. El nido de un águila es digno de admirar, pero no es el producto del razonamiento o la utilización de sus habilidades cognitivas. Es contrario a la construcción de una vivienda por un ser humano, que no es solo producto del instinto de tener protección y techo para ellos y su familia, sino que es el producto del razonamiento y el uso de habilidades cognitivas.

Hace 12 años compramos la casa en la que vivimos hoy. Por esos 12 años hemos construido, mejorado, reorganizado, reestructurado. No ha sido por nuestro instinto. Ha sido por nuestra habilidad de razonar, por ejemplo, que una habitación no necesitaba dos *"walk-in closets"*, y sí necesitaba un baño privado, así que convertimos un closet en baño. Analizamos que tener una entrada por el garaje a la cocina facilitaba nuestra llegada a la casa, especialmente cuando tenía 4 hijas en edad escolar y había que bajar del auto, bultos, juguetes, compra.

Años más tarde de crear esa entrada, fui a una casa y por primera vez vi un *mudroom*. Llegué a mi casa y mandé a construir un *locker* o casillero para cada uno en esa misma entrada, para que se dejaran los abrigos, zapatos, y todo lo que se usa a diario.

Los seres humanos somos capaces de construir vivienda de todo tipo, en cualquier lugar y con cualquier material. Amo mirar revistas de arquitectura o de ventas de bienes raíces. Es impresionante ver la creatividad del ser humano y cómo lo plasma de la manera en que construye sus casas. Muchas veces nos enfocamos en el lujo de muchas viviendas valoradas en millones de dólares. No dejemos de enfocarnos también en ver la practicidad que otros han implementado para facilitar rutinas, maximizar espacios, innovar en áreas dándoles usos más prácticos. No dejo de sorprenderme en ver la combinación de materiales, colores, espacios. Amo ver programas de remodelación. Te garantizo que siempre surge una idea que nos sirve para mejorar algo en nuestras casas.

Junto con mi hija Jenibelle, disfruto mucho de mirar los programas donde se realizan *"tiny homes"* (casas pequeñas). Esas pequeñas estructuras de vivienda son un tributo a la creatividad. He visto los diseños más impresionantes, con la funcionalidad más increíble, en espacios tan pequeños que ciertamente hay que verlo para creerlo. No se puede crear esas pequeñas casas, ni ninguna vivienda, sin el uso de habilidades únicas de los seres humanos. Esas habilidades tú también las posees.

Al igual que las aves construyen nidos, las abejas construyen colmenas, los castores construyen represas. Todos estos ejemplos maravillosos de la naturaleza nos impresionan, pero nunca verás a una abeja construir una represa ni mucho menos a un castor construir una colmena. Cada uno construye según su especie. Sus capacidades están limitadas por sus instintos.

El ser humano puede construir una casa de campaña, un bohío, un rascacielos, una vivienda submarina, una casa en un árbol, una pequeña casa, una mansión. El listado de lo que puede construir un ser humano para albergue es ilimitado.

La construcción de una vivienda es el resultado de un proceso que se desarrolla en un entorno de máxima complejidad. Para el diseño y la ejecución de ese diseño se requiere el uso paralelo de aspectos económicos, ambientales, sociales y de sostenibilidad, entre muchos otros. Todos somos creativos, en mayor o menor grado, pero no a todos nos distingue la creatividad.

CUANDO LLEGA LA "MUSA"

No solamente la capacidad creativa es exclusiva de los seres humanos, sino que tenemos una manera común de referirnos a ella. ¿Has escuchado la frase "le llegó la musa"? El concepto de la "musa" tiene su origen en la mitología griega. La noción de musa permite hacer referencia a aquellas cuestiones misteriosas de la inspiración que no pueden explicarse con precisión.

Una musa puede ser, por otra parte, una persona, un objeto o una situación que incita la creación artística. Una mujer hermosa logra constituirse en la musa de un poeta. Se trata, simplemente, de alguien que despierta pasiones en el artista, quien decide plasmar estas emociones a través de sus creaciones, en este caso, un poema. La musa, por lo tanto, promueve la creación artística. Muchos son los artistas que a lo largo de la historia han dejado patente quiénes eran sus musas. Este sería el caso del pintor Salvador Dalí, que ha sido conocido, entre otras cosas, por tener como musa a su propia mujer: Gala.[5]

Así mismo, vemos grandes construcciones como el Taj Mahal, un monumento funerario construido por el emperador Shah Jahan para su esposa favorita, Mumtaz Mahal. La inspiración que provocó esta mujer se ha convertido en un importante destino turístico en la India, al punto de llegar a ser reconocido, incluso como un patrimonio de la humanidad. La canción *"Tiny Dancer"* de Elton John, fue inspirada en una exbailarina que cosía las chaquetas y los *jeans* del cantante.

Pero la "musa" no está reservada para grandes artistas, poetas y compositores. Todos podemos tener un momento de inspiración por medio de una persona, o una experiencia que nos lleve a producir algo hermoso, innovador y duradero. Para muchas mujeres su "musa" son sus hijos. Hay otras mujeres para quienes la mera necesidad se convierte en su musa. ¿Cuántas de ustedes habrán vivido en carne propia, no necesariamente como parte de un cuento de princesas y hadas, esa frase que nos dice que la necesidad es la madre de la invención?

Yo he descubierto varias musas en mi vida. La más importante es mi amor por Dios, por su obra en la tierra y por sus hijos. Es así como para mí Dios es la inspiración detrás de mi deseo ardiente de ver a las mujeres prosperar y alcanzar su máximo potencial. Pero debemos tener claro que la inspiración

---

5. Consulta en línea: https://njcudining.com/forum/ec6256-musa-significado.

en nuestra vida no tiene que estar basada en la complejidad del concepto de la musa. Oler una flor, la sonrisa benévola e inocente de un niño, una pieza musical, son ejemplos de inspiración que están al alcance de todos.

Descubrir el mundo de posibilidades infinitas e inagotables que tenemos los seres humanos para crecer, desarrollarnos, prosperar y alcanzar nuestro máximo potencial no requiere de principios de mitología griega. Requiere de la alimentación por iniciativa propia de todo aquello que nos saque del entorno de lo normal y nos lleve a encontrar esa parte de nosotros que nadie puede hacer, expresar, ni plasmar igual que nosotros.

Para mí, mis corridas son parte de ese proceso. Hace tres años que comencé con ese deporte que hoy me apasiona. Dentro de cada caminata o corrida extensa pienso en muchas cosas, y he descubierto que se ha convertido en una fuente de idas para mí. Puedo testificar que la inspiración para muchas secciones de este libro vino de ese tiempo de esparcimiento corriendo muy de mañana, mirando los hermosos paisajes de nuestra ciudad capital, San Juan, Puerto Rico.

Este libro completo aspira a inspirarte a no esperar por una musa; no esperar a ese elemento externo que se convierta en nuestra inspiración, en nuestro motor. Quienes disfrutan de eso, los celebro. Sin embargo, todo podemos buscar la inspiración en todas las áreas de tu vida, aun en lugares donde no esperas encontrar nada. No tienes que esperar a que la inspiración llegue. ¡Sal a buscarla!

Se cuenta que, en plena Edad Media, alguien se acercó a las obras de una catedral, y les preguntó sucesivamente a tres canteros qué estaban haciendo. El primero contestó: "Estoy desollándome las manos para pulir esta piedra". El segundo indicó: "Estoy ganando un salario para sacar adelante a mi familia". El tercero, con voz entusiasta, respondió: "Estoy colaborando a edificar una catedral para gloria de Dios y bien de la humanidad".

El primer operario no parecía saber lo que significa ser creativo; él simplemente estaba allí produciendo. El segundo entendía su trabajo como medio para un fin; hacer posible la existencia del ámbito familiar. El tercero daba a su actividad un sentido plenamente creativo: construir no solo un edificio, sino una catedral, con todo cuanto implica en la vida cultural y religiosa de un pueblo.[6] Para este hombre, su creatividad imparte un sentido más alto que la mera funcionalidad del edificio que estaban construyendo. Aunque los tres constructores estaban haciendo el mismo trabajo, en el mismo lugar, los tres tenían visiones diferentes.

IMPULSORES DE LA CREATIVIDAD

Muchos psicólogos estudian lo que creen que son propiedades mentales más fundamentales que la creatividad como la memoria, el razonamiento lógico y la atención. Hasta hace muy poco, solo unos pocos investigadores habían estudiado la creatividad. En los últimos años los psicólogos, junto con un

---

6. Consulta en línea: https://www.neuronilla.com/la-creatividad-en-la-vida-cotidiana-alfonso-lopez-quintas/.

número creciente de sociólogos, antropólogos, musicólogos, expertos en teatro y críticos de arte, han prestado cada vez más atención a la creatividad.[7]

Aunque la creatividad no haya sido tema de estudio psicológico como lo han sido otros temas, podemos disfrutar de los grandes beneficios que nos ofrece ser mujeres creativas. Entre esos beneficios tengo que resaltar la respuesta de ese tercer constructor. En su respuesta había entusiasmo, confianza en sí mismo y lo que hacía, y desarrollo de su imaginación.

Primero, el **entusiasmo** es la exaltación del ánimo que se produce por algo que cautiva o que es admirado. Vemos el entusiasmo como aquello que nos mueve a favorecer alguna causa o desarrollar un proyecto. Para desarrollar nuestra creatividad necesitamos mucho entusiasmo. Necesitamos entusiasmo para desarrollar nuevas ideas y ver lo que otros no ven. Ese constructor veía la catedral con gloria incluida e impacto en la humanidad. Eso es mirar más allá y ver lo que otros no ven. Como te he dicho varias veces, yo no tengo grandes talentos naturales, pero los que me conocen saben que entusiasmo no me falta. Aún para las cosas pequeñas, mi ánimo siempre está arriba.

Segundo, la creatividad y la **confianza** no solo van de la mano, sino que ambas son rasgos de la personalidad. Todos podemos sentirnos un día arriba y otro abajo. Los días de inseguridad llegan en algún momento a la vida de todos. Inseguridades

---

7. Consulta en línea: R. Keith Sawyer, *Explaining Creativity: The Science of Human Innovation* (New York: Oxford University Press, 2006), 3, http://www.questia.com/read/119472525/explaining-creativity-the-science-of-human-innovation.

he tenido muchas, pero nunca las he dejado sobrecogerme de manera que se conviertan en el centro de mis decisiones.

La confianza en ti misma es producto de la creatividad porque la forma en que nos vemos a nosotros mismos siempre va a ser una influencia en el modo en que trabajamos, desarrollamos y expresamos nuestros talentos. Si nadie ha puesto un voto de confianza en ti y en tu futuro, hoy yo te digo que no esperes por nadie. Cree en ti.

Nuestra confianza personal determina cómo vivimos nuestra vida. Cada persona tiene talentos diferentes, porque todos somos diferentes. Entender que nadie más puede ocupar tu lugar va a tener el impacto positivo en tu confianza que te llevará al desarrollo máximo de tus talentos y, por consiguiente, va a impactar positivamente tus resultados. Todos poseemos algo excepcional, único: eso que solo cada uno puede aportarle al mundo. Tu propia creatividad debe verse reflejada en la confianza que proyectas.

Tercero, la **imaginación** es algo que todos poseemos y que no se pierde a lo largo de la vida (excepto por causa de una lesión cerebral o un trastorno del desarrollo). La creatividad también es algo que poseemos, pero a diferencia de la imaginación, si no se cultiva, se pierde. La imaginación nos lleva más allá, al punto que se puede convertir en la llama que nos inspire para resolver desafíos. Para desarrollar la creatividad, debemos ser insistentes en el uso de la imaginación.

En muchas de mis conversaciones con mi esposo, tomamos un tiempo para "decir ideas locas". Ese es parte de nuestro proceso creativo. Concebir lo absurdo, muchas veces nos sorprende resultando en posible. En una ocasión mi esposo predicó una serie titulada "Fe imparable". Los creativos que prepararon el arte de la serie incluyeron un motor de un avión como parte de la imagen. Y, como resultado de ese proceso creativo donde el grupo de trabajo le damos paso a las "ideas locas", surgió la "idea loca" de poner un avión en el altar, y así se predicó la serie.

Todavía hoy, años después, muchos recuerdan lo que aprendieron acerca de la fe en esa serie. La "idea loca" del avión ayudó a que no se olvidaran de los principios espirituales que compartió Otoniel.

La imaginación nos permitirá evaluar diferentes puntos de vista para examinar el desafío que tengamos delante de nosotros. Esa mirada imaginativa de forma poco tradicional, aunque no sean las mejores ideas o no resulte en lo que esperamos, nos lleva a promover la creatividad en nuestra vida.

He pretendido hasta aquí explicarte teóricamente lo que es creatividad para que tu mente tenga una base de lo que quiero que expreses en ti. Sin embargo, la mayoría de las veces, en tu diario vivir, la creatividad surge espontáneamente y tú ni cuenta te das. Es más, te atreves a afirmar que no eres una mujer creativa, y nada más lejos de la verdad.

Cada vez que preparas la merienda de tus hijos y procuras no repetirla, eres creativa. Cuando decides el menú de hoy en tu hogar eres creativa. Cuando te inventas cómo educar a tus hijos, cómo lograr que entiendan algo, o educarte tú en algunas áreas, eres creativa. Cuando surge algo inesperado en tu diario vivir y tienes que resolver, tu creatividad hasta te sorprende.

Ahora que conoces el fundamento de tu creatividad… ¡eres creativa; ¡no te escondas, muévete!

AVANCE Y PROGRESO SE ENCUENTRAN MIRANDO MÁS ALLÁ DE LO QUE NORMALMENTE MIRAMOS.

2

PECERAS PEQUEÑAS, TECHOS BAJITOS, IDEAS LIMITANTES

Cuando tenía como 6 años recuerdo que mi mamá compró un acuario pequeño y lo colocó en la sala de la casa. Para mi fue súper innovador ver aquella pecera, pero cuando pusieron los peces me asusté mucho. Entre los peces, había lo que me parecía que era un tiburón. Al verlo, lo único que pude pensar era qué pasaría cuando ese tiburón creciera.

En aquel tiempo, todos conocíamos de esa famosa película llamada *Jaws*. En esa película un enorme tiburón blanco devorador de seres humanos ataca a los bañistas en las playas. Ante mi sorpresa y susto, el especialista que ayudó a mi mamá a instalar el acuario me explicó que ese tiburón no crecería más grande que lo que la pecera le permitiera. Es decir, que, por causa de estar en una pecera pequeña, su crecimiento sería limitado. Eso me trajo gran paz en ese momento.

Esa historia me hace pensar en la cantidad de personas que seguro han tenido su crecimiento limitado por su entorno. ¿A cuántos seres humanos les sucede lo que a aquel pequeño tiburón? Quizás nuestros tamaños físicos ya están predeterminados por nuestro ADN, pero nuestras capacidades mentales sí pueden ser limitadas por nuestro medio ambiente y el espacio que tenemos para permitir que se manifiesten.

El estudio titulado "La influencia de la altura del techo: el efecto de la preparación en el tipo de procesamiento que usa la gente" de las profesoras Joan Meyers-Levy y Rui Juliet Zhu[8] demuestra precisamente este principio. Mientras esperaba en un aeropuerto, la profesora Joan Meyers-Levy se percató de estar en un espacio razonablemente abierto con techos altos, pero se le ocurrió que pronto estaría entrando en un espacio estrecho con techos bajos: el avión. Eso la hizo preguntarse si las alturas de los techos podrían tener algún efecto en cómo pensamos las cosas.

Se llevó esa pregunta a casa y decidió tratar de encontrar una respuesta. En la universidad, realizó una serie de pruebas en las que hizo que los estudiantes realizaran varias tareas en una computadora portátil, algunas en un salón con un techo de 10 pies y otras en un salón idéntico en todos los sentidos, excepto que el techo estaba dos pies más bajo.

---

8. Consulta en línea: https://www.researchgate.net/publication/23547371_The_Influence_of_Ceiling_Height_The_Effect_of_Priming_on_the_Type_of_Processing_That_People_Use.

Las profesoras que ejecutaron el estudio descubrieron que los estudiantes en el salón de techos altos siempre obtenían buenos resultados en tareas en las que tenían que visualizar las relaciones entre las cosas, mientras que los estudiantes en el salón de techos bajos se desempeñaban mejor en el trabajo orientado a los detalles.

La profesora explicó los resultados de esta manera. Con mayores alturas de techo, parece suceder que la gente inconscientemente tiene una sensación de libertad por la amplitud del salón. Cuando los techos son bajos, estamos activando pensamientos relacionados con una sensación de encierro, o algún tipo de limitación. Estos pensamientos dan forma al tipo de procesamiento que hacemos.

Por un momento medita en lo que este estudio descubrió. La altura del techo puede limitar la capacidad de pensar en grandes ideas o ideas creativas. Es impresionante que nuestro ambiente pueda influenciar tanto nuestra manera de pensar. Ahora no quiero que pienses que tienes que estar en lugares con techos altos para pensar creativamente, aunque ciertamente ayudará.

Lo que deseo mostrarte con esta idea es que puede ser que en tu mente tengas pensamientos que sean como techos bajitos; pensamientos o creencias que limiten tu capacidad innata de ser creativa. Te hago una propuesta: levanta los techos de tus pensamientos para que puedas pensar creativamente.

Es bastante fácil encontrar una gran cantidad de información en este tiempo acerca de los mitos o ideas erróneas preconcebidas acerca de la creatividad; esas ideas, esos techos bajitos que no nos dejan pensar creativamente. Esos mitos son esas peceras pequeñas que no nos permiten crecer y desarrollarnos. Tanto los techos bajitos como las peceras pequeñas son esas ideas limitantes.

Estas creencias pueden venir de una mala experiencia previa que arrastramos de la infancia hasta el presente. Las experiencias y palabras negativas que se han hablado sobre nosotros las convertimos en "creencias", cuando en realidad debemos tratarlas como meros pensamientos limitantes.

Como fanática del poder de la educación, la influencia de la familia y la importancia del desarrollo de la infancia saludable y próspera, para mí es importantísimo hacer hincapié en que muchas creencias limitantes tienen su origen en la infancia. De ahí la importancia de generar más pequeñas ideas potenciadoras, que son ideas en positivo que nos impulsan a avanzar y superar dificultades.

Como madre, he sido bien proactiva en promover pensamientos de desarrollo y verdades espirituales, y mirar de cerca que mis hijas no tengan pensamientos limitantes deteniendo su desarrollo. Por eso no he permitido ni permitiré que hablen negativamente, que bajen sus expectativas de la vida por sus experiencias o por lo que otros piensen, ni que crean en pensamientos limitantes.

La niña con creencias limitantes piensa, por ejemplo, que "algo está mal en ella". Esta creencia nos hace sentir que no somos suficientes, que no somos merecedoras, que somos indignas. He conocido y trabajado con muchas personas con ideas "sencillas" como esta, pero que tienen un poder destructivo para sus expectativas y resultados de la vida. Una creencia como "algo está mal en mí" se arraiga en nuestro subconsciente (la parte del cerebro que se conoce como la "mente emocional" y que almacena nuestros gustos y deseos, pero también nuestros patrones automáticos, incluyendo las creencias de la infancia).

Durante el comienzo de la cuarentena y la pandemia sentí un ardiente deseo de hacer algo por los niños. El encierro fue difícil para todos, pero no dejaba de pensar en lo que representaba para los niños tener que estar acuartelados en sus casas, sin sus amigos, sin practicar sus deportes, sin ir a la escuela.

Dios puso en mi corazón predicarles todos los domingos. Y por 10 semanas luego de que Otoniel le predicara a cientos de miles de adultos en el mundo entero, llevé una enseñanza para los niños que siempre terminaba con una manualidad para reforzar la enseñanza. Sinceramente, la necesidad de atención y utilizar la imaginación para escapar de la nueva realidad del encierro que estaban experimentando los niños a nivel mundial ardía en mi corazón. Alguien tenía que sacarlos de la realidad y llevarlos a elevar su mirada a Dios y a creer por fe.

Desde el día uno que comenzó la pandemia así hice; desde el primer domingo llevé esa primera enseñanza. Los testimonios fueron increíbles. Mis redes sociales se llenaban de etiquetas con niños en el mundo entero mostrando sus manualidades y agradeciendo el esfuerzo y el amor. Siempre les recordaba que Dios tenía cuidado de ellos y cada uno de esos proyectos manuales reforzaba el mensaje.

Para activar nuestra creatividad, debemos poder identificar cuáles son nuestros techos bajos, nuestras peceras pequeñas, nuestras creencias limitantes. Si en tu niñez alguien tronchó tu imaginación con sus palabras o acciones, hoy salte de esa pecera, levanta tu techo y no permitas que las creencias limitantes de otros te detengan a ti.

TU CREATIVIDAD ES EL INSTRUMENTO DE DIOS PARA ALCANZAR TUS SUEÑOS.

CREENCIAS FALSAS

"Creatividad implica salir de los patrones establecidos
para poder ver las cosas de una manera diferente."
—Edward De Bono

R epite una mentira con suficiente frecuencia y se convierte
en verdad." Entre los psicólogos, esto se conoce como el efecto
de la "ilusión de la verdad". Decirse algo a uno mismo muchas
veces, aunque sea mentira, se convierte en una realidad, no en
el mundo real, sino en el mundo de nuestra mente. Decirte a
ti misma, "soy fea", "no tengo talentos", "no soy creativa" son
tres grandes mentiras. Primero, Dios todo lo hizo hermoso.
Segundo, todos tenemos talentos. Tercero, todos tenemos
creatividad en algún área de nuestra vida. Sin embargo, estas
son tres frases que las mujeres se repiten constantemente y se
las creen.

Exactamente así son los mitos. Mitos son historias o ideas repetidas múltiples veces hasta convertirse en verdades por las que muchos viven. Pero son creencias falsas. Estos mitos que creemos en diferentes áreas nos limitan y no permiten que podamos alcanzar más allá de los límites que los mitos nos han establecido. No es hasta que alguien se atreve a retar esa mentira que las cosas comienzan a cambiar.

Los mitos más frecuentes se dividen en tres categorías.

Primero: percepción de la gente creativa, los mitos que la gente tiene acerca de cómo debe ser un creativo

Segundo: mitos acerca de las capacidades especiales de un creativo

Tercero: los mitos y pensamientos limitantes acerca de la creatividad

Al categorizarlos de esta manera, se me hizo más fácil crear para mí un plan para subir mis techos y no limitarme. Te voy a mostrar algunos de los mitos más comunes, pero te invito a que vayas creando tu propia lista. Este listado te debe servir para trabajar con estos pensamientos, derrumbar las barreras mentales que ellos producen, y para que puedas concentrarte en promover en ti los pensamientos correctos en cuanto a la creatividad.

Analiza cada una de estas categorías y mitos. Piensa objetivamente cuál de estos pensamientos te ha detenido alguna vez. Provoca en ti una sacudida que te haga interrumpir ese pensamiento, pero desde ya. Toma conciencia de cómo te afectan estos pensamientos y cómo interrumpen tu creatividad.

MITOS DE CÓMO DEBE SER UN CREATIVO

MITO #1 – HAY QUE SER EXCÉNTRICO.

Michael Jackson dormía en una cámara de oxígeno. Lady Gaga en una ocasión se vistió con trozos de carne cruda para un evento. Albert Einstein recogía colillas de cigarrillos de la calle para conseguir tabaco para su pipa. ¿Tenemos que ser extremistas, raros e inusuales para ser creativos? Muchas veces, las anécdotas y hábitos raros que escuchamos de grandes artistas nos hacen pensar que la excentricidad y la creatividad van de la mano.

Por cada historia y hábito raros de algún artista o científico, hay miles de personas creativas que viven vidas normales, comunes y corrientes como tú y yo, y no les hacen menos relevantes en términos de su creatividad. Claro que todos tenemos características particulares. Pero el hecho de que tú no tengas algo así tan llamativo como para ser destacada, no te hace menos creativa. Simplemente te hace una mujer normal. No hay que ser excéntrico para tener ideas originales y que para muchos no parezcan lógicas.

MITO #2 – HAY QUE SER SOLITARIO.

La soledad es una parte normal de la existencia humana. No todos los seres humanos se sienten 100% a gusto con estar a solas. Por ejemplo, para mí es muy difícil comer sola. Sinceramente, antes de comer sola, prefiero ni comer. Claro, esto no quiere decir que no disfruto momentos a solas. De hecho, cuando estoy sola suelo no prender el televisor, no mirar nada en la computadora. Cuando estoy sola disfruto del silencio y de estar conmigo misma.

La soledad es necesaria para que podamos procesar y resolver problemas. En medio de gente y ruidos es muy difícil. Pero, esto no quiere decir que para ser creativo hay que ser una persona solitaria. Seguro necesitarás de tiempo a solas, pero eso no te convierte en una mujer huraña o ermitaña; simplemente son momentos donde la soledad nos sirve para un propósito.

MITO #3 – SE REQUIERE DINERO.

Para ser una mujer creativa necesitas motivación, necesitas conocimiento en algún área y necesitas pasión, pero no necesitas ni tiempo ni dinero. De los seres humanos más creativos son los niños, y no necesitan dinero para elevar su creatividad. Pensamos que para llegar a ser expertos en algo vamos a necesitar una gran inversión financiera. Claro que necesitamos invertir, pero más que dinero, necesitamos invertir tiempo y poner la pasión a funcionar a nuestro favor.

MITOS SOBRE LAS CAPACIDADES ESPECIALES DE UN CREATIVO

MITO #4 – NACES CREATIVO.

Este es el mito que más frecuentemente he escuchado: "Yo no nací con ese talento". La idea de que para ser creativo tenemos que nacer con un don especial es totalmente errónea. Mucho se puede hacer para desarrollar el poco o mucho talento que tengamos. La creatividad existe en todos los seres humanos; no es exclusivo para los que tienen un don de nacimiento.

No hay nada que, con el deseo, pasión y tiempo suficientes, tú no puedas aprender. Con los hábitos correctos como la lectura, documentación de las ideas que vienen a tu mente, y dejar a un lado el miedo a crear, tú puedes desarrollar tu capacidad creativa en cualquier área sin necesariamente haber nacido con un talento específico.

Cuando David fue a enfrentarse a Goliat, Saúl le ofreció su gigantesca armadura. Era inminente que David tuviera aquel encuentro divino con el gigante, por lo cual respondió a Saúl en 1 Samuel 17:39 (LBLA):

David se ciñó la espada sobre sus ropas militares y trató de caminar, pues no se las había probado antes. Entonces David dijo a Saúl: No puedo caminar con esto, pues no tengo experiencia con ellas.

David tenía muchos talentos, entre ellos era músico, autor. También había tenido vasta experiencia en el campo peleando con el león y el oso. En ese momento no tenía el tiempo de dominar la destreza de una armadura que no era suya. Pero queda claro en sus palabras que, si hubiese tenido el tiempo, también la hubiese dominado.

MITO #5 – SE PIENSA CON EL CEREBRO DERECHO Y NO EL IZQUIERDO.

El cerebro es como una gigantesca red de conexiones. Algunas zonas se encienden en ciertos momentos, mientras otras en otros momentos. El lado izquierdo domina el lenguaje verbal, la habilidad lingüística, la capacidad analítica, el pensamiento matemático, así como la memoria y el pensamiento lógico y racional. El lado izquierdo trabaja la información del exterior a través de los sentidos. La percepción del hemisferio izquierdo del cerebro está condicionada por el universo interior de la persona.

El hemisferio derecho nos permite interpretar señales y nos brinda la capacidad de soñar y comprender conceptos como la belleza. Es el hemisferio derecho el que nos conecta con las emociones y nos permite percibir el valor intangible e inmaterial de las cosas. El lado derecho es artístico, diferente, impulsivo, espontáneo, amplio, expansivo, libre, y poco convencional.

Por esto, muchas personas piensan que es indispensable pensar con el hemisferio derecho para ser artísticos y solo así pueden serlo. Todos tenemos un hemisferio izquierdo y un hemisferio derecho. Con lo cual, aunque tendamos a funcionar desde el izquierdo, sabemos que podemos desarrollar el potencial del derecho. Así lo avalan los estudios de neuro plasticidad. Del mismo modo que las conexiones neuronales que creamos y no usamos se apagan, nuevas conexiones pueden generarse a través de la generación de experiencias conscientes.[9]

MITO #6 – HAY QUE TENER UNA INTELIGENCIA ESPECIAL.

Este pensamiento tiene su origen en los hallazgos encontrados al estudiar el cerebro de Albert Einstein. Un estudio

---

9. Consulta en línea: https://thinkernautas.com/despertando-creativo-ti.

neurológico fue llevado a cabo por el Dr. WeiWei Men, de la Universidad Normal del Este de China. Cuando Einstein murió, su cerebro fue estudiado en profundidad, y seccionado en 240 partes ampliamente fotografiadas y documentadas.

Aunque el producto de este estudio ciertamente certifica que el cerebro de Einstein presenta conexiones mucho más densas en varias zonas, no es menos cierto que también está certificado que su tamaño y forma eran exactamente igual a los de los otros seres humanos. Con este mito volvemos a descartar en el pensamiento de que "debemos tener algo especial".

Sin quitarle méritos a los logros de Einstein, la realidad es que genios ha habido millones en la historia, creativos ni se diga. Entonces, no tenemos que pensar que necesitamos un don o una inteligencia especiales para que emane de nosotros creatividad en algún área.[10]

MITOS Y PENSAMIENTOS LIMITANTES ACERCA DE LA CREATIVIDAD

MITO #7 – HAY QUE CREAR ALGO DE LA NADA.

Cuando decimos que algo es original, en realidad queremos decir que no conocemos las fuentes de las que ha venido ese resultado. Las cosas no salen de la nada. La realidad es que, en la música, la pintura, la costura, la cocina, cualquier forma de arte o creatividad, todo proviene de una inspiración. No confundas el ser creativo con ser el primero en algo.

---

10. Consulta en línea: https://es.gizmodo.com/cientificos-descubren-por-que-el-cerebro-de-einstein-er-1442060104.

Todo lo que te inspira, cuando recibe tu toque personal, tu voz, tu firma, se convierte en un trabajo original. Por años disfruté de un programa de cocina en el *Food Network* (canal de televisión de programas de comidas en EE.UU.) titulado *Semi-Homemade Cooking* (Cocina semi casera). La conductora del programa, Sandra Lee, tomaba alimentos ya preparados de los supermercados y les daba su toque especial convirtiéndolos en recetas originales.

Creo firmemente que es tan creativa la persona que diseña un patrón para una pieza de ropa, como la que toma una pieza de ropa de cualquier tienda, y la corta o la adorna para convertirla en otra cosa. Es que el único que creó de la nada fue Dios en el Génesis. El resto, todos creamos algo de lo ya existente en el mundo.

MITO #8 – NO TENGO QUE SER CREATIVO PARA MI TRABAJO.

La capacidad de pensar en nuevas formas de mejorar o hacer algo diferente es la base del avance en todas las esferas, por más estructurado que sea tu trabajo. Todo problema que se presenta en nuestra vida tiene solución, pero siempre se va a requerir creatividad para hallar esa solución.

Nunca olvido una experiencia muy enriquecedora en uno de mis primeros empleos a la edad de 18 años. Mi compañía hacía una competencia anual donde se pedía que grupos de trabajo encontraran una función de la empresa que se pudiera mejorar. En aquel momento la compañía para la cual trabajaba requería que nuestros clientes tuvieran una aprobación de crédito para poder recibir nuestros equipos y servicios.

Siendo la compañía número uno en nuestra industria, nuestro proceso de aprobación de crédito tardaba 24 horas, versus las 72 horas que tardaba nuestra competencia más cercana. Estamos hablando del año 1994 donde no había los adelantos tecnológicos que disfrutamos hoy. Mi grupo se encargó de diseñar el proceso de trabajo para que en lugar de 24 horas se tardara una hora. Esto era sin precedentes. Lo creían imposible. Efectivamente, tomamos todos los pasos y los reorganizamos de forma tal que alcanzamos nuestro objetivo. No solo ganamos en nuestra compañía, sino que calificamos a nivel mundial y también ganamos.

Todos los integrantes de mi equipo ocupábamos posiciones regulares (no gerenciales) y acostumbrábamos a hacer el mismo trabajo todos los días. Desde entonces, creo que, aunque estemos "bien" y "adelantados" a nuestra competencia, laboralmente siempre hay una mejor manera de hacer las cosas y no debemos cerrarnos, sino siempre estar a la vanguardia y encontrar esos lugares donde podemos mejorar. Eso es consistente con que siempre y en todo trabajo necesitamos creatividad.

¿Cuál de estos mitos te ha detenido? ¿Cuántas veces has decidido que no eres nada creativa, porque creíste que cumples con uno, varios o todos los mitos mencionados anteriormente? Quiero que analices estos mitos y los mires desde diferente perspectiva. Es posible que uno o más de ellos te haya detenido o mantenido marginada de desarrollar tu creatividad. Si es así, descártalo inmediatamente y comienza a entender la esencia de tu creatividad.

LA CREATIVIDAD NECESITA OJOS
ABIERTOS QUE MIREN LO NATURAL,
PERO MIREN TAMBIÉN
LAS POSIBILIDADES.

4

EL PRINCIPAL BENEFICIO DE IMPULSAR TU CREATIVIDAD

Si alguna vez te has hecho la pregunta de para qué quieres impulsar tu creatividad, es muy posible que hayas pensado que la respuesta puede estar en ser mucho más de lo que eres hoy o simplemente hacer mucho más de lo que haces. Ambas premisas son un buen comienzo. Sin embargo, hay mucho más beneficio en impulsar la creatividad, sea cual sea el área que aspiras trabajar. Al igual que tú, yo estoy convencida de que tienes la capacidad de hacer mucho más de lo que has hecho hasta hoy.

El mayor beneficio de impulsar nuestra creatividad es alcanzar el desarrollo de nuestro máximo potencial. Este tiene varios elementos importantes, entre ellos, el ver los aspectos positivos de la vida por encima de los negativos. El enfocarnos en las imposibilidades por encima de las posibilidades nos hace conformarnos con las situaciones presentes. Cuando nuestro enfoque está en las posibilidades, el uso de nuestra creatividad nos lleva a trabajar por esa meta de desarrollar nuestro máximo potencial.

Te quiero explicar el concepto a través de una ilustración que mi esposo Otoniel utilizó en una prédica hace algún tiempo atrás. ¿Has escuchado la ilustración del vaso "medio lleno" o "medio vacío?". Cuando tenemos un vaso con agua y el vaso tiene la capacidad de 8 onzas de líquido y le echamos 4 onzas de agua, habrá personas que al verlo dirán que está "medio lleno" o "medio vacío".

Esa es la ilustración normal que muchos predicadores y motivadores utilizan en sus conferencias, queriendo impulsar la premisa de que si el vaso tiene el mismo espacio lleno o vacío (4 onzas llenas, y 4 onzas vacías), muy bien podríamos enfocarnos en mirar lo que sí tenemos y no lo que falta.

La idea es que veas las cosas positivas de la vida y que no veas las cosas difíciles. La idea es cambiar que la gente vea vaso "medio vacío" y verlo "medio lleno" como si eso cambiara el vaso. La realidad es que el vaso se queda con la misma cantidad de agua. Puedo entender que es bueno poder ver las cosas positivas, pero ¿qué beneficio trae si no cambiamos las situaciones? Mi esposo Otoniel utilizó esta ilustración como base para explicar esta famosa ilustración de una forma magistral. Otoniel explicó que hay cuatro maneras de ver el vaso.

1. "El vaso está medio vacío y estemos alerta porque se va a vaciar". Así lo ven las personas absolutamente negativas. Una cosa es ver el vaso medio vacío (la ilustración original) y otra muy diferente, es decir, "esto se está vaciando, aquí ya pronto no quedará absolutamente nada".

2. "El vaso está medio vacío". Esta es la ilustración original. Aquí son las personas simplemente negativas, no catastróficas como el primer grupo, pero igualmente negativas. Hay algo en el vaso, pero ven lo que no hay, lo que falta.

3. "El vaso está medio lleno". En la ilustración original estas son las personas positivas. Contrario al anterior, no se enfocan en lo que falta. Al menos están viendo lo que sí hay. En la ilustración original este es el tipo de persona que es elogiada, entiéndase lo que debemos aspirar a ser. Ciertamente hay muchos beneficios en mirar el lado positivo de los asuntos, y ante los dos panoramas anteriores yo prefiero estar en este grupo. Sin embargo, hay una cuarta forma de ver el vaso.

4. "El vaso está medio lleno y déjame buscar la manera de llenarlo completo". Esto es lo totalmente contrario al primer grupo. Este es el grupo de personas que reconocen que el vaso está medio lleno, pero tienen la fe y la certeza de que esto va a rebosar.

Un vaso no fue hecho para estar medio vacío. Si el vaso fue hecho para tener 8 onzas y tiene solo cuatro, está a la mitad de lo que puede llegar a tener. La mentalidad del cuarto grupo es la mentalidad creativa que pone en acción el más grande beneficio de la creatividad: el desarrollo del máximo potencial.

¿De qué te sirve sentirte bien con la mitad si siempre sabes que puedes llegar a tener y a ser mucho más?

La creatividad nos ayuda a liberar todos los recursos internos y externos para poder alcanzar más allá de nuestro potencial. Sí, como acabas de leer: más allá de tu potencial. La idea es que el vaso se llene hasta arriba y rebose. Piensa por un momento en toda la contribución que puedes hacer a otros cuando seas capaz de liberar todo tu potencial y aún más. Ahí es donde queremos llegar y seguro que llegaremos juntos.

LA CREATIVIDAD ES PRODUCTO DE UN ESTADO, UN PROCESO Y DE LA CAPACIDAD DE TRASCENDER A LA SITUACIÓN PRESENTE.

ALCANZA TU MÁXIMO POTENCIAL

Potencial es solo potencial hasta que es liberado y se convierte en resultados. En muchas ocasiones he escuchado a múltiples personas decirme que tienen un gran potencial en su vida, pero me lo dicen desde su frustración. Aclaremos algo una vez más. Las capacidades y habilidades con las que nacemos son parte de lo que conocemos como "potencial". Todo ser humano tiene por lo menos un don, un talento, alguna habilidad. O sea, decir y pensar que "tienes potencial" no es que has inventado la rueda. Todos tenemos potencial en la vida. ¡Todos!

Cuando se habla del potencial desde el punto de vista de "frustración", es como si trataran de satisfacer sus propias mentes para justificar sus fracasos y sentirse menos mal con ellos mismos. Es como que quisieran que veamos en ellos lo que ellos dicen haber visto, pero no lo han manifestado.

"Potencial" es algo que se tiene, pero no se ha manifestado ni expresado, de manera que no lleva a progreso alguno. Por ejemplo, una bombilla tiene el "potencial" de alumbrar, pero si no se enciende, no alumbra. El auto tiene el "potencial" de moverse, pero si no lo enciendes, no se mueve. El potencial que llevas dentro de ti no significa nada hasta que lo expresas y lo explotas...hasta que lo desarrollas a su máximo.

Cuando aconsejo a damas y jovencitas que desean casarse, a veces vienen a mí para hablarme de algún pretendiente y me dicen lo siguiente: "No tiene trabajo (o es muy inteligente), pero tiene un gran potencial". La pregunta es: Con un potencial, por más grande que sea, ¿se puede sostener un hogar? Por mucho que sea el "potencial", si no está desarrollado, es como si no tuviera nada.

Comienzo diciéndote que cuando hay alguien que me habla del potencial, con un acento de frustración, o noto falta de conocimiento en la connotación, o pienso en dos cosas. Primero, puede ser que realmente no haya visto el potencial que tiene, presto a desarrollarse. Dicen que lo tiene, pero es solo una idea porque realmente no lo ha visto. Segundo, lo próximo que espero es la lista de excusas o el listado de gente responsable de que no lo puede liberar ni expresar.

Miremos en detalle lo primero que viene a mi mente cuando alguien me dice que tiene mucho potencial, pero me lo dice en un tono de frustración. La realidad es que no puedes saber cuánto potencial tienes en tu vida solo porque lo piensas o lo crees, aunque este es un buen comienzo. La realidad es que nunca vas a descubrir el potencial que tienes hasta que seas capaz de tomar acciones que te pongan en el camino a la manifestación de ese potencial. No es hasta que actúes y tomes decisiones que ese potencial en tu vida se comenzará a manifestar.

La más frustrante de todas para mí es la segunda idea que viene a mi mente cuando escucho esta frase del potencial que alguien tiene. Detesto las excusas. Trato de vivir una vida donde asumo mis responsabilidades sin esconderme detrás de ninguna excusa. Esa es mi ética de vida, de familia, de trabajo.

Pero cuando alguien viene con el cuento de que "sé que tengo potencial" y comienza a detallar las excusas detrás de la ausencia de desarrollo de ese potencial tengo que respirar hondo e intentar mi mejor cara de "comprensión". Detesto participar de conversaciones con personas que viven en el "mode" de que la culpa, como siempre, es de alguien más y no de ellos. El listado es interminable de los responsables: mi esposo, mis hijos, mi pastor, mi familia, mis amigos, mi ciudad, mi país, el gobierno, etc.

Las personas que piensan y hablan así es como si todo el mundo estuviera en contra de ellos y ellos fueran los únicos que han tenido tropiezos o limitaciones en la vida. La realidad es que si les preguntas a quiénes ellos admiran y por qué lo hacen te tendrán que describir a alguien que, a diferencia de ellos, decidió enfrentar todos los problemas de la vida y ser quien fue designado a ser, asumiendo sus responsabilidades y dejando a un lado las excusas. Pero en su ceguera, muchos no se dan cuenta que sus excusas son lo único que los detiene de manifestar ese potencial que argumentan tener.

En el relato de la creación vemos esta situación claramente. Cuando Adán y Eva comen del fruto prohibido llegaron varias consecuencias y reacciones inmediatas. Observemos una sola de estas. Nadie quería aceptar la culpa. La serpiente no podía señalar a nadie ni echarle la culpa a nadie. Como Eva no se quiso hacer responsable, la culpable fue la serpiente y para Adán la culpable fue Eva. Por lo menos algo bueno puedo ver de todo esto: ninguno culpó a Dios como otros hacen hoy en día.

Desde que comencé a pastorear en el 1994, he escuchado a cientos de personas culpar a Dios por sus situaciones. En el caso de Adán y Eva, no podían hacerlo porque Dios había sido claro sobre lo que ellos tenían que hacer. De hecho, por eso Adán dijo: *"La mujer que me diste"* (Génesis 3:12, RVR 1960, RVC). Casi, casi parecería que, al no poder refutar sobre la instrucción dada, solo pudo argumentar en la elección de pareja idónea para él por parte de Dios, pero por la eternidad, la culpa la ha cargado Eva.

Adán hizo de esa experiencia su razón para no vivir en el entorno de lo que Dios tenía para él, que no era otra cosa sino el desarrollo de su máximo potencial en las mejores condiciones posibles: el mundo perfecto que Dios había creado.

Alcanzar tu máximo potencial no se trata de vivir en un mundo ideal, perfecto, sin problemas, donde no cometemos errores. De hecho, lograr nuestro máximo potencial no es una simple tarea, sino que en realidad consiste en comprometerte contigo misma para vivir el proceso de superación personal que tanto anhelas.

Escucho muchas personas utilizar la frase "sé tu mejor versión". Es decir, logra tu máximo potencial siendo una mejor persona cada día. Para eso necesitamos de la creatividad. Por medio de la creatividad podemos fortalecer nuestros valores, aumentar nuestras fortalezas y transformar nuestras debilidades. ¿Qué has anhelado hacer y no lo has hecho? ¿Bailar, cantar, escribir, practicar algún deporte, cocinar, hablar un nuevo idioma, coser, tejer, emprender?

Las posibilidades de áreas donde podemos desarrollar nuestra creatividad para alcanzar nuestro máximo potencial son infinitas. Estoy segura de que con las metas y el enfoque correcto darle paso a tu creatividad te permitirá hacer lo que corresponde: trabajar todos los días para continuar en tu camino a ser y vivir en tu máximo potencial.

Es indispensable comprometerte con tu propio proceso. Aquí no se trata de lo que otra persona ha hecho, ni de participar del eterno juego de las comparaciones. Tu máximo potencial es tuyo y solamente tuyo. No depende de lo que haya hecho nadie a tu alrededor, ni nadie a quien admires. Cuando te concentras en tu proceso y tus capacidades será más fácil mantenerte en el camino trazado.

Ten en cuenta que tu máximo potencial no está escrito en piedra. Es posible que hoy pienses que tu máximo potencial es aprender a coser y más adelante descubras que te puedes convertir en una famosa diseñadora. Nada está escrito en piedra. Es así como puedes entender que, aunque el vaso tenga "posibilidad" de llenarse con 8 onzas, a alguien, y espero que ese alguien seas tú, le corresponde decir "¡busquen más vasos porque este no va a dar a basto!".

En el transcurso de tu camino a desarrollarte, descubrirás que elementos cambiarán, pero nunca cambiará la meta final de llegar a ser todo lo que puedes lograr ser. Y claro, en ese caminar debe haber paradas para esa verificación que te va a decir: "vas por buen camino".

Encuentra tu inspiración y marca los primeros pasos de tu travesía. Eso que has anhelado desarrollar, lo puedes comenzar a hacer desde hoy al desconectarte de tu rutina diaria y los conceptos "dentro de la caja", es decir, cuadrados que te han detenido hasta ahora. Encuentra tu inspiración en saber que tu creatividad y la confianza en ti misma que se construye por medio de tu valor y darles lugar a tus sueños (los dos temas anteriores a este libro en la serie) van a desarrollar la seguridad para decirte a ti misma: "Quiero más, puedo lograr más, tengo un potencial para desarrollar al máximo, alcanzar más, y nada me va a detener".

NO TIENES QUE ESPERAR A QUE LA INSPIRACIÓN LLEGUE. ¡SAL A BUSCARLA!

6

BENEFICIOS ADICIONALES DE SER CREATIVA

Junto al beneficio principal de manifestar tu máximo potencial, desarrollar tu creatividad tiene beneficios adicionales importantísimos para apoyar todo lo que vas creando.

1. RESILIENCIA

La resiliencia es la capacidad que tenemos los seres humanos para afrontar las situaciones desafiantes, y salir de ellas fortalecidos luego de superarlas. De hecho, este término se originó en los laboratorios de física, cuando se descubrieron materiales que, después de aplicarles calor extremo y doblarlos, recuperaban su forma original sin afectarse sus funciones.

Desde nuestro aprendizaje de niños, en las destrezas básicas de un ser humano, aplicamos la resiliencia. Mientras aprendemos a caminar, nos caemos, pero con cada levantarnos

nos hacemos más fuertes y diestros. Así es la resiliencia. Cada tropiezo que encontramos en nuestro caminar es una oportunidad para fortalecernos.

Para poder explicarte la relación entre resiliencia y creatividad tengo que hacer referencia a la famosa paradoja del "¿Qué fue primero; el huevo o la gallina?". Escribir esta sección del libro me ha tomado demasiado tiempo porque puedo tanto decir que la resiliencia produce creatividad, como que la creatividad produce resiliencia. Esta óptima combinación de cualidades va de la mano y con ellas sucede lo que pasa cuando mezclas el café con la leche. Sabes que tu taza tiene ambos, café y leche, y puedes separar a uno del otro, los dos están presentes. Pero una vez se mezclan, ya no puedes separarlos.

Cuando analizamos las situaciones en donde la resiliencia es protagonista de la historia, siempre vemos presente el elemento de la creatividad. Estar en una situación como enfrentamos los puertorriqueños luego del huracán María, o como ha enfrentado la población mundial por causa de la pandemia provocada por el Covid 19, el hecho de tener que reinventarse en un nuevo entorno o espacio de vida automáticamente hace uso de la creatividad. Para alcanzar resiliencia, la creatividad se convierte en la posibilidad de construir, fortalecer y transformar un entorno, aunque esté plasmado de incertidumbre y complejidad.

No tenemos que esperar a vivir un proceso difícil y/o inesperado para activar la creatividad y la resiliencia en nuestro camino. Una persona creativa toma todo lo que le pasa para construir, y no permite que los tropiezos le detengan. Podría mencionar una y mil historias de éxito donde la creatividad y la resiliencia van de la mano.

2. SATISFACCIÓN

Vivir supone experimentar cosas maravillosas, pero también supone tener experiencias no agradables. La insatisfacción puede tener su raíz en las ocupaciones que experimentamos por el futuro, lamentarnos por el pasado o culparnos por el presente. Nadie está exento de sentirse frustrado, si las cosas no están funcionando como esperamos.

Cuando la creatividad se desarrolla en nuestra vida, nos permite vivir vidas más satisfactorias en todos los ámbitos en donde la aplicamos. He leído estudio tras estudio donde es constante el hecho de que cuando podemos aplicar la creatividad en un contexto específico, algo se libera dentro de nosotros que nos hace experimentar un alto sentido de satisfacción.

Una vez más, esto lo podemos ilustrar a través de la experiencia del crecimiento de un niño. Aunque sea difícil para un niño llevar su cubierto a la boca, y definitivamente sería más fácil que nosotros le demos sus alimentos, te pregunto, ¿has visto el rostro de un niño cuando hace algo por sí mismo? En los niños podemos ver ese sentido de satisfacción que aún de adulto experimentamos al usar la creatividad. Ese rostro que ponen cuando hacen algo por sí solos, es el mismo sentimiento de realización y satisfacción que sentimos ante cualquier implementación de nuestra creatividad.

En una ocasión, mi hija Jillianne se comprometió con llegar con un vestido típico colombiano a su escuela al otro día. Por alguna razón ella pensaba que tenía uno en su closet. No se imaginan mi sentido de alarma y urgencia, típico de una madre ocupada con mil quehaceres a quien a última hora se le añade un pequeño detalle a su lista: producir un vestido típico colombiano de ahora para ahora. El primer pensamiento es "hablo con la maestra y le explico… la niña se equivocó, no tiene dicho vestido, disculpe, etc., y salgo del problema".

Disfruto de la costura y siempre que tengo la oportunidad compro telas que me gustan. Cuando me pongo a mirar fotos de cómo debía ser el vestido me doy cuenta de que en efecto tengo las telas para hacer un vestido como se debía. Lo que no tenía era tiempo ni el talento tan sofisticado. Como hacemos en estos tiempos, me metí en YouTube para ideas de cómo hacer el vestido.

Jillianne se acostó a dormir sin saber qué pasaría al otro día, si tendría o no vestido. Tomé una camisa de ella, y busqué cómo añadirle sus volantes rojo, amarillo y azul. Encontré un video de cómo hacer una falda redonda (*circle skirt*), que siempre había querido hacer una y vi esta "emergencia" como mi oportunidad. Le añadí los volantes a la falda en los mismos colores que la camisa. Irónicamente, como acostumbro a ver videos de costura, había aprendido una forma rápida de hacer volantes y pude poner ese conocimiento a provecho.

¡Zas! Cuando Jillianne se levantó tenía vestido. Yo no descansé bien esa noche. Pero tengo que confesar que no estaba molesta, ni siquiera el cansancio me incomodaba. ¿Por qué? Porque cuando vi el vestido puesto, quedó tan lindo, que mi sentido de satisfacción superaba cualquier adversidad que hubiera percibido unas horas antes.

La creatividad produce satisfacción, y esa satisfacción nos motiva y ayuda a sobrepasar cualquier adversidad que tengamos que enfrentar para llegar a ese momento de ¡zas! donde vemos los resultados.

3. CONSTANTE APRENDIZAJE

Amo aprender. Así como veo videos de costura como pasatiempos, también veo videos de cocina, decoración, construcción, remodelaciones. Veo videos de todo lo que crea que pueda aprender algo nuevo que pueda utilizar más adelante para cualquier proyecto.

Uno de los beneficios que tenemos los seres humanos es la capacidad de aprender. Los animales realizan sus tareas por instinto. Esto limita todo su entorno a unas experiencias específicas. Aún en los animales entrenados, no es verdadero aprendizaje, sino más bien una manipulación de sus instintos animales para llevarlos a hacer lo que se espera de ellos.

Esas hermosas presentaciones con perros en los circos no son resultado de perros pensantes que fueron a clases a aprender cómo brincar una serie de obstáculos. Sus entrenadores los fueron moviendo por su instinto animal con "premios", como esos *treats* o recompensas que les van dando en cada paso del camino.

El auténtico aprendizaje es el producto de la creatividad. Un verdadero profesor hace uso de los recursos que tiene a su disposición para llevar la enseñanza a su alumno. Los seres humanos podemos estar en constante aprendizaje y desarrollo.

Una persona creativa está en constate búsqueda de información y aprendizaje para poder producir nuevas ideas.

El cultivar la creatividad tendrá el constante aprendizaje como su premio. Si amas aprender como yo, te das cuenta de que esto es un valor añadido. Muchos dirían: "¡Ay!, es que para hacer x cosas tendría que aprender a hacerlo". Claro que la creatividad va a incluir explorar nuevas direcciones, cambiar las cosas y con esa experimentación habrá aprendizaje. Redirigir, adaptar, mejorar, renovar, explorar… todo eso es aprendizaje. Lo que hoy puede lucir como un "problema", se convierte siempre en una oportunidad de aprender algo nuevo.

4. CONTINUO DESARROLLO

El producto del aprendizaje que llega con la creatividad es esa hambre de alcanzar más y esa garantía de que todo lo que nos propongamos lo alcanzaremos. Cuando combinas esos elementos con el espíritu creativo, ciertamente podemos entender la frase de que el cielo es el límite.

Al hacer uso de la creatividad, muchas veces el aprendizaje se realizará a través del error y acierto. Esa ha sido mi experiencia con la costura; todas las primeras veces que he intentado una pieza, siempre he cometido un error. He aprendido, pero al seguir intentando, se produce entonces un desarrollo, que no es lo mismo que aprendizaje.

Tú puedes aprender a cocinar un plato, pero es la repetición, el ajuste a tus ingredientes y a la cocina, lo que te va a llevar a desarrollar el talento de producir un plato que puedas decir "lo domino a la perfección". Seguro te ha pasado como a mí. Cuando hago algo por primera vez me puedo sentir satisfecha, pero en ese aprendizaje se me ocurre cómo puedo hacer algo más rápido, o más fácil, o más rico. A eso me refiero con el constante desarrollo. Siempre habrá oportunidad de crecimiento cuando insistimos en utilizar nuestra creatividad en todo proceso de aprendizaje.

A medida que das paso a la creatividad y al disfrute que obtienes de ella, comienzas a darte cuenta de que deseas aprender a crear aún más. Querrás mejorar tu técnica y crecer en tu oficio. Por consecuencia, en ti se va a activar flexibilidad en tus pensamientos para hacerte preguntas que te lleven en un proceso de autoevaluación y autoaprendizaje, y siempre habrá desarrollo.

5. MEJOR SALUD

La activación de la creatividad en cualquier área de nuestra vida hace que nuestra mente esté ocupada y, por consiguiente, hace que nos olvidemos de aquellas cosas que no nos permiten vivir en paz. La armonía y el dinamismo de la creatividad trabajan en conjunto con la experiencia creativa de darle solución a ese problema existente para producir ideas. Es así como la creatividad nos ayuda a reducir el estrés. Producir ideas ocupa nuestra mente positivamente.

Muchos estudios han demostrado que el estrés puede provocar aumento de peso, menor inmunidad a las infecciones, aumento de los niveles de glucosa y enfermedades cardíacas. Dado que la creatividad ayuda a reducir los niveles de estrés, es lógico pensar que participar en ella ayudará a mejorar la salud en general, tanto mental como física.

Otro efecto positivo que produce en nuestra salud la creatividad es el hecho de que la creación de ideas nos lleva a desarrollar proyectos personales que van a estar dotados de motivación, induciendo cambios positivos en la mente que tendrán como consecuencia el mejoramiento de nuestra salud. Además, la creatividad ayuda a remover el sentimiento de inutilidad, el desánimo y la desesperanza. Nuestra salud es positivamente impactada cuando ponemos a un lado el sentimiento de fracaso, nos llenamos de esperanza y anhelamos en el camino la construcción que va de la mano con nuestra creatividad.

6. SALIR DE TU ZONA DE COMODIDAD

La creatividad es la aptitud deseada para salir de la zona de comodidad. Cuando una persona sale de su zona de confort y debe desaprender conocimientos anteriores para instalar nuevos saberes u oficios nunca pensados, su creatividad hace la diferencia y le permite adaptarse a su nuevo entorno.

7. MEJORA LA AUTOESTIMA

El sentimiento de impotencia que se produce cuando pensamos que no podemos alcanzar nuestras metas se puede convertir en un obstáculo para nuestras labores, responsabilidades y proyectos. Nadie quiere sentirse fracasado. Nadie anhela el sentimiento de estancamiento. Por medio de la creatividad se construye un camino base que te lleva al éxito, especialmente en el emprendimiento. Es así como la creatividad construye esa base fundamental que necesitamos para sentir respeto hacia nosotras mismas.

El día que mi hija Jillianne vio terminado su vestido típico colombiano, claro que a ella le trajo alegría, pero a mí me produjo la satisfacción de la que te hablé antes y ese sentido de saber que tengo habilidades que pueden resolver situaciones, que mi hija no se tiene que sentir defraudada, que cuando ella se equivoca, mamá encontrará una pronta solución.

La creatividad rompe con los pensamientos negativos y derrotistas de los que podemos ser víctimas las mujeres. La felicidad del avance que se experimenta cada día por medio de la creatividad nos ayuda a continuar generando amor propio.

Nunca me he quejado de esa noche. Más bien me produjo muchísima alegría ver ese vestido completado en tiempo récord y con muy poca planificación. Cuando la vida nos sorprende, hay que salir al paso. Echarse atrás te limita de disfrutar todos los beneficios que produce la creatividad en ti.

TU PROPIA CREATIVIDAD DEBE VERSE REFLEJADA EN LA CONFIANZA QUE PROYECTAS.

SI NADIE HA PUESTO UN VOTO DE
CONFIANZA EN TI Y EN TU FUTURO,
HOY YO TE DIGO QUE NO
ESPERES POR NADIE.
CREE EN TI.

7

LIBERA TU CREATIVIDAD

No solo las mujeres somos complicadas; el ser humano es complicado de por sí. Cada mujer es única, con diferentes antecedentes y personalidades. De hecho, en *Mujer, valórate* hablamos de 5 elementos que conforman la vida de todo ser humano y cómo su combinación es única y no se repite jamás. Estos elementos son el físico, las características de nuestra personalidad, la experiencia social, tu intelecto, y tu espiritualidad.

Ahora, con respecto a cómo Dios nos creó, todas somos ciertamente iguales. La Biblia nos enseña en 1 Tesalonicenses 5:23 (LBLA):

> *Y que el mismo Dios de paz os santifique por completo; y que todo vuestro ser, espíritu, alma y cuerpo, sea preservado irreprensible para la venida de nuestro Señor Jesucristo.*

Todos hemos sido creados por Dios por igual en tres partes básicas: cuerpo, alma y espíritu. Cada una de estas partes de nuestro ser tiene su función.

Nuestro cuerpo cuenta con cinco sentidos básicos, los cuales nos ponen en contacto con el mundo natural y material. Por medio del oído, la vista, el olfato, el tacto y el gusto experimentamos el mundo exterior. Es en el cuerpo que existimos, pero como seres humanos somos mucho más que un cuerpo.

Nuestra alma es invisible, sin embargo, la entendemos y percibimos tan real como el cuerpo físico. A través de nuestra alma experimentamos todo lo relacionado con nuestra psicología. La palabra griega para "alma" es *psujé*, de donde sale precisamente la palabra "psicología". Dentro de nuestra alma está la experiencia mental de todos los seres humanos, es decir, los pensamientos, el razonamiento, consideraciones, memorias e imaginación. Dentro del alma del ser humano se constituye lo que conocemos como las emociones y la voluntad del ser humano, relacionados con nuestra personalidad: quién y cómo somos.

Cuando le servimos a Dios y reconocemos a Jesucristo como nuestro Señor y Salvador, nuestro espíritu es vivificado y tomamos conciencia de nuestra espiritualidad. Realizar esa conexión entre el alma y el espíritu es muy importante para nuestro crecimiento y guía en nuestro caminar con Dios.

Nuestro espíritu es la parte más profunda de nuestro ser. No hay otra criatura que haya sido creada con espíritu; solo el ser humano. Es a través del espíritu que la experiencia con Dios se hace real y verdadera. Aunque invisible como nuestra alma, igual la percibimos tan real como nuestro propio cuerpo porque a través de esa experiencia espiritual nos conectamos, recibimos, y participamos de comunión con Dios.

Cada una estas áreas es importante desarrollarlas y maximizar su potencial. El deseo de Dios es que nuestro espíritu sea la parte principal de nuestro ser, y que nuestra alma comience a expresar la vida de Dios a través de nosotros.

Para liberar nuestra creatividad es indispensable entender que Dios es el Creador máximo del universo, y nuestra conexión espiritual con Dios nos da acceso a esa creatividad. Estamos hechos a su imagen y, por eso, Él desea y espera nuestra participación en el proceso creativo. Él quiere que demos a conocer su naturaleza y carácter a través de nuestras vidas, impactando a aquellos en nuestra esfera de influencia.[11]

Profundicemos en esto. El fundamento interior de tu creatividad está en tu espíritu y en el proceso de creación que hizo Dios de ti. Tú cargas esa intuición creativa de tu Creador. Si puedes entender que Él te impartió su soplo de vida y con esto, su propia capacidad creativa en un potencial listo para manifestarse, jamás te atreverás a decir que no tienes creatividad.

Te hizo única e irrepetible, de manera que tu creatividad es tuya, en el área donde la puedes desarrollar y destacar solo tú, para distinguirte y alcanzar el propósito de Dios para ti. Por este origen divino de tu creatividad es que la inspiración y la manifestación máxima de ese potencial ocurren cuando accedes a tu espíritu y, desde él, a tu mente, aportando al mundo y a ti misma, todo lo que viniste a crear en esta tierra.

11. Ed Young, *The Creative Leader: Unleashing the Power of Your Creative Potential* (Nashville, TN: Broadman & Holman Publishers, 2006), 312.

En nuestra alma, es decir, en nuestra mente, es donde se encuentra el desarrollo de nuestra creatividad. Dentro de nuestra alma está la experiencia consciente de nuestra personalidad y las emociones como la felicidad, el dolor, la ira, la nostalgia, el romance, el alivio y la compasión. Hay dos cosas que suceden en nuestra alma que potencian el liberar nuestra creatividad.

1. EL ALMA CONTROLA NUESTRA MENTE Y NUESTRAS EMOCIONES

Seguro en algún momento has escuchado la frase "Ojos que no ven corazón que no siente". Esta frase se utiliza para explicar que no tenemos que sufrir por aquello que desconocemos. Significa que la información que dejamos de recibir por algunos de nuestros sentidos no tendrá un efecto en nuestras emociones. Esta es la realidad: si no estás expuesto a algo que existe, no tienes cómo tener un efecto directo en cómo piensas o en lo que sientes.

La pregunta que muchos se hacen es si esto es bueno o malo. ¿Es bueno o malo no conocer la infidelidad en la pareja, que alguien nos esté robando, o si alguien está diciendo cualquier mentira? Considero que juzgar esto es complicado y que no se trata de si es bueno o malo. Ante preguntas así, muchos dirán, "es bueno no saber, así no sufro por eso". Otros dirán, "es malo no saber, me están engañando y no es correcto, no es justo".

De mi parte te digo que no es bueno ni malo. Es "neutral". La realidad es que si algo es bueno o malo va a depender del resultado que tengamos cuando recibimos esa información y el resultado que llega con el tiempo, no nuestra primera reacción o impresión.

En Agosto del 2019 recibí un correo electrónico de una compañía inglesa que representaba en Estados Unidos, con quien tenía una inversión multimillonaria. En el correo me cancelaban el contrato, dejándome saber que tenía solo 60 días extra para representar la marca. Corporativamente se habían hecho unos cambios vendiendo la marca a una compañía que ahora no quería representación por medio de franquicias, y 225 franquicieros recibimos la misma carta.

Cuando leí ese correo sentí un balde de agua fría caerme encima. Precisamente estaba saliendo del hotel para presentar el libro *Mujer, sueña* (que precede a este libro) en Miami, Florida. Me parecía imposible. Con dolor e incertidumbre tuve que cerrar dos tiendas en los centros comerciales principales de Puerto Rico. Años de trabajo y esfuerzo se habían esfumado así, de la nada.

No le cuestioné a Dios porque la realidad es que por mi método administrativo y lo diligentes que somos mi esposo y yo con nuestras finanzas, cerré las tiendas en ganancia financiera y con mi testimonio empresarial intacto. Solo Dios puede hacer algo así. Cuando en marzo del 2020 llegó la pandemia, el cierre de los centros comerciales, la incertidumbre financiera mundial, créeme que di gracias a Dios por lo sucedido a finales del año anterior.

¿Qué quiero ilustrarte con eso? El cierre de mis tiendas y la finalización del contrato con la compañía inglesa en ese momento, cualquiera lo hubiera categorizado como negativo. Con sinceridad, mi esposo y yo decidimos categorizarlo como neutral. Algo estaba sucediendo que no podíamos ver en ese momento y Dios definitivamente estaba en el asunto. Más adelante, habernos salvado de la pérdida millonaria que hubiera representado haber tenido las tiendas en los centros comerciales en tiempo del Covid 19 absolutamente me hizo verlo como algo bueno.

Me parece que las cosas deberían categorizarse como neutrales porque su verdadero efecto y sus consecuencias dependerán de las próximas decisiones y de los patrones de pensamientos que establezcamos luego de haber experimentado o haber sido confrontados con la información. El miedo a sentir algo negativo provoca que la gente no se quiera exponer a experiencias mayores, permaneciendo en tan solo lo conocido, limitando su potencial.

Por eso ves personas con padecimientos físicos, sabiendo que algo está mal en sus cuerpos, huir de atención médica… "ojos que no ven, corazón que no siente". Si no tienen certeza del mal que los aqueja, de repente piensan que nada está pasando. Eso no cambia la realidad, que podría empeorar si no la enfrentamos.

La vida siempre tiene altas y bajas, y no podemos permitir que nuestra mente se limite a las reacciones automáticas a esas experiencias. Tu primera reacción ante un asunto puede ser positiva y luego convertirse en negativa y viceversa; puede ser negativa y luego descubrir que fue positiva. Es importante mirar siempre los efectos a largo plazo. Nuestra alma tiene la capacidad de controlar la reacción a nuestras situaciones. Tenemos la capacidad de controlar esas emociones hasta tanto veamos más adelante el plan de Dios.

Por mi parte, te aconsejo adoptar una actitud que ha prevalecido en mí siempre, me ha ayudado a lidiar con los más fuertes golpes y me ha mantenido de pie hasta ver el resultado final de las adversidades: Dios siempre tiene un plan. Claro que en el momento tu humanidad va a sufrir, te vas a desesperar, vas a llorar, vas a pensar o sentir que el mundo se te vino encima, pero mantente firme sabiendo que Dios siempre tiene un plan con todo y para todo. Su plan se cumplirá, lo entenderás, y la nube pasará. Somos hijas de un Padre ilimitadamente creativo.

2. EL ALMA POTENCIA NUESTRO NIVEL CREATIVO

Así como dicen: "eres lo que comes", también es cierto que eres lo que lees, ves y/o escuchas, pues toda esa información se procesa en nuestra alma.

Mateo 15:19-20 (LBLA) dice:

Porque del corazón provienen malos pensamientos, homicidios, adulterios, fornicaciones, robos, falsos testimonios y calumnias. Estas cosas son las que contaminan al hombre; pero comer sin lavarse las manos no contamina al hombre.

Mientras podemos identificar nuestras experiencias como neutrales, la realidad es que yo sí estoy de acuerdo en el pensamiento de que lo que no conocemos sí nos puede hacer daño. Fíjate que no te digo que es "malo", pero nos puede afectar.

Se cuenta de un hombre que fue a un crucero. Pagó el crucero con mucho sacrificio, gastó todo lo que tenía. Lo que anhelaba era tener la experiencia de estar en ese gran barco. Todos los días el empleado encargado de su camarote le preguntaba acerca de sus planes del día. El hombre no contestaba. Cuando salía de la habitación pasaba frente a esos gigantescos bufetes de comida, veía a la gente en las grandes salas de baile, no disfrutaba de nada de eso.

El último día de la travesía el empleado del barco se acercó una vez más, pero muy preocupado. Le dijo: "Caballero, usted lleva una semana aquí, no ha comido en los restaurantes, no ha participado de las fiestas, no ha disfrutado de ninguna de las actividades. ¿Usted está bien? ¿Usted está enfermo? ¿Cómo le puedo ayudar?".

El hombre contestó: "Gracias por su interés. No estoy enfermo. De hecho, estoy muy bien. He cumplido mi sueño de viajar en un crucero. Para estar aquí gasté todo lo que tenía y solo pude pagar el pasaje. Por eso no voy a los restaurantes, no participo de las fiestas. No tengo el dinero para eso". El empleado del barco no podía creer lo que estaba escuchando y con gran dolor le dijo al hombre: "No puede ser. Caballero, todo eso está incluido en su pasaje. Usted no tiene que pagar extra por entrar a las fiestas, participar en los restaurantes, comer de esos gigantescos bufetes. ¡Todo está incluido!"

En la vida, lo que no conocemos que es para nuestro beneficio nos puede hacer daño. El hombre cumplió su gran sueño, pero pudo haber disfrutado del sueño muy por encima de sus propias expectativas si no fuera porque le faltó el conocimiento.

El desconocimiento, o falta de información sobre algo, debe ser lo que nos incite a entender y aprender a tratar con algún tema. La conciencia de desconocimiento debe convertirse en una invitación a aprender.

Todos seremos ignorantes sobre algo en la vida. Algún conocimiento nos va a faltar en algún momento, pero, seamos conscientes que todo aprendizaje tiene su origen en el desconocimiento. Ahora, aunque sintamos que ya no somos ignorantes sobre algún tema por causa del aprendizaje, nunca debemos pensar que conocemos algo en su totalidad.

Los seres humanos más ignorantes son los que piensan que no pueden aprender algo. El aprendizaje es la base de la liberación de tu potencial. Entre los consejos más frecuentes que te dará un creativo para liberar tu creatividad siempre vas a ver la lectura y alguna forma de escritura. Te explico por qué.

Sin saber leer ni escribir es muy difícil aprender de cualquier tema. Así de sencillo. Para liberar tu creatividad necesitas salir de la ignorancia, y esto quiere decir aprender, estudiar, leer, escribir. Para el desarrollo personal necesitamos la creatividad y para impulsar la creatividad necesitamos el desarrollo personal. Podemos tener conciencia de la importancia de ser creativas, pero sin el hambre de aprender nada va a suceder.

La mejor experiencia de aprendizaje que puedes tener va a ir de la mano del uso de tus sentidos. Mientras a través de nuestro espíritu podemos recibir la inspiración divina en nuestra alma, es a través de nuestro cuerpo, por medio de nuestros sentidos, que completamos esa experiencia por medio del aprendizaje.

Parece evidente, pero no podemos pecar pasando por alto la importancia de dedicar tiempo a desarrollar el pensamiento creativo, dejando que fluya tu mente y entendiendo que por medio de la lectura se abre la ventana de las posibilidades en el mundo creativo. Hoy, el hábito de la lectura se pierde por la falta de tiempo, por la preferencia de dispositivos electrónicos. Ninguna experiencia electrónica puede sustituir la enriquecedora y placentera experiencia de la lectura.

Lamentablemente, la educación escolar es prácticamente la única promotora de la lectura. Por eso, una gran mayoría de los adultos no practican el leer a diario, contrastando con el hecho de que la gran mayoría de las personas reconocen que la importancia de la lectura es insustituible. La lectura es indiscutiblemente el más grande estimulante de la imaginación y la creatividad.

Yo sé que muchas mujeres se preguntan cómo, entre todas mis responsabilidades, yo logro "inventarme" y crear tantas formas de hacer todo lo que hago, conocer sobre tantos temas, mantenerme al día para compartir información en mis podcasts y, además, estudiar diversas disciplinas. Mi secreto es, ¡la lectura!

Doy gracias a Dios que vivo al lado de ávidos lectores, y los dos miembros que se han añadido a la familia, mis yernos Abrahán y Ludyn, ambos son dos ávidos lectores también. En nuestra casa la mayor inversión está en las dos habitaciones que tenemos con libros. Al lado de nuestra cama, cada uno tiene una columna de libros por leer. En nuestros dispositivos electrónicos de lectura entre Otoniel y yo tenemos sobre 1,000 libros.

En nuestra casa se promueve el hábito y se facilita. Compramos libros para nuestras hijas, les asignamos lecturas especiales. Cuando vamos de viaje, hago que las niñas lean acerca de los países, cultura y lugares que visitaremos. Cuando nos mudamos a la Florida luego de casarnos, Otoniel y yo llevamos unas maletas con ropa y 13 cajas de libros. Teníamos más libros que ropa.

Yo no quiero ni voy a detener mi crecimiento intelectual, emocional, ni espiritual. Tú no puedes darte el lujo de detener tu crecimiento ni impedirlo. Sigue creciendo y aplica tu creatividad a desarrollar tu potencial al máximo, cultivando con seriedad y consistencia el hábito de leer.

En el crecimiento aflora la creatividad. Fuiste escogida para albergar crecimiento. ¡Imposible no crear!

LEVANTA LOS TECHOS DE TUS PENSAMIENTOS PARA QUE PUEDAS PENSAR CREATIVAMENTE.

PARA DESARROLLAR LA CREATIVIDAD, DEBEMOS SER INSISTENTES EN EL USO DE LA IMAGINACIÓN.

AUMENTA TU PENSAMIENTO CREATIVO

Un principio fundamental de la humanidad es nuestra capacidad de pensar de forma crítica, y con imaginación y creatividad. Pensar implica pasar de un estado de conocimiento presente a un estado de conocimiento superior. Por lo tanto, tiene sentido que nuestra capacidad y la decisión de pensar, de manera consistente, de alguna manera nos defina como especie. Para comprender mejor el concepto del pensamiento creativo, debemos saber cómo funciona la mente.

La mente trabaja principalmente para encontrar esquemas familiares. Cuando la mente encuentra ese esquema familiar, automáticamente se desplaza a él y lo sigue. Esto sucede cuando funcionamos en lo que muchos llamamos "piloto automático". El cerebro humano aborda de manera racional cualquier situación. La percepción y el procesamiento de la información ante la que tenga que actuar nuestra mente, hace uso de uno de estos tres estilos de pensamiento.

PENSAMIENTO CONVERGENTE

Convergente es el acto de converger. Se refiere al encuentro de dos puntos, cosas, ideas o situaciones que parten de lugares diferentes. El pensamiento convergente es aquel que encuentra una solución lógica para enfrentar problemas de naturaleza científica. El pensamiento convergente es definido por el psicólogo especialista en creatividad Edward de Bono, como pensamiento vertical o pensamiento lógico. Este tipo de pensamiento es considerado tradicional y recurre a conocimientos y experiencias previas para la resolución de problemas.[12]

PENSAMIENTO DIVERGENTE O LATERAL

Divergente es el irse apartando sucesivamente unas de otras, dos o más líneas o superficies. El pensamiento divergente o lateral es aquel que busca resolver o solucionar un problema a través de propuestas creativas, diferentes y no convencionales. El término fue propuesto por el mismo psicólogo Edward De Bono, quien afirmó que el pensamiento divergente es una manera de organizar los pensamientos a través de estrategias no tradicionales, con el fin de generar nuevas ideas.

Al observar los diferentes tipos de pensamientos que tenemos los seres humanos, podemos entender la importancia y

---

12. Consulta en línea: https://www.significados.com/pensamiento-convergente/.

CON FRECUENCIA A LAS MUJERES
SE NOS ACUSA DE COMPLICAR
LAS COSAS. ES CIERTO.

necesidad que tenemos de que nuestra parte lógica trabaje en conjunto con nuestra parte creativa. La percepción es la manera que se miran las cosas, haciendo uso de estos tres estilos de pensamiento. Lo que se hace con esa percepción se convierte en el procedimiento que emplearemos por causa de esa percepción.

Cuando hablamos acerca de la infancia y la educación, los educadores todos coinciden en la importancia de potenciar o aumentar el pensamiento creativo. Lamentablemente, a menudo se comete el error de pensar que solo durante la infancia debemos "prepararnos" para la vida adulta, cuando en realidad, aún durante la adultez, debemos seguir preparándonos para la vida adulta.

Lo que sabemos, creemos y valoramos no son bases solamente de la educación escolar; debe ser parte del desarrollo a o largo de nuestra vida. El desarrollo del pensamiento creativo debe ser algo que nos acompañe siempre. Todos tenemos esta necesidad. El diálogo racional, el entendimiento de los rasgos de nuestras decisiones, y la conciencia de nuestras responsabilidades se ven grandemente beneficiadas cuando desarrollamos nuestro pensamiento creativo.

La experiencia infantil y adulta de todos nosotros no debe estar separada. Esa experiencia es compartida y debe ser continua. La infancia es una dimensión de nuestra experiencia humana, pero sus valores no pueden detenerse ahí. El desarrollo de la creatividad no tiene tiempo de caducidad y nos ayuda a darle una forma diferente a la vida adulta.

CREATIVIDAD, PENSAMIENTOS Y ÉXITO

Muchos educadores concuerdan en que, aunque la educación tradicional se inclina al desarrollo de los pensamientos desde lo más simple a lo más complejo, la realidad es que para promover el pensamiento creativo no debemos tomar por poco el poder que hay en pensar, razonar y discernir desde lo más complejo.

Cambiar el lente desde donde miramos cualquier situación nos ayuda a desarrollar los pensamientos de forma que se dé la combinación correcta entre el pensamiento convergente, divergente y lateral, y podamos alcanzar a mirar como lo que muchas veces llamamos "unos ojos diferentes".

Claro que en esta versión del pensamiento podemos encontrar dificultad. Pero, con la práctica te garantizo que se convierte en algo natural. Créame que aplicar estos principios intencionalmente promueve progreso considerable ante cualquier situación.

Te comenté de mi pasión por la costura. Más que coser una pieza desde cero, una de las cosas que más me gusta es transformar las piezas presentes. Disfruto mucho de comprar piezas regulares sin mucho adorno para poder añadirles o quitarles, y convertirlas en una pieza única. Así mismo hago en la cocina. Disfruto mucho de hacerles cambio a las recetas para convertirlas en platos que vayan de acuerdo con nuestros gustos.

Pero eso no se detiene en actividades creativas limitadas a la costura o cocina. Siempre me llama la atención cuando en los programas de competencias musicales ves a un participante tomar una conocida canción y "convertirla de ellos". Eso siempre les gana puntos extra con los jueces. Cantar la canción igual que el cantante original no tiene la misma gracia. Whitney Houston hay solo una. Mariah Carey hay solo una. Celine Dion hay solo una. En estos concursos no están en busca de una repetición de ninguna de esas artistas, y no digo esto para quitarles su grandeza. Esos concursos están en busca de alguien que con lo que otros ya hicieron puedan hacer algo diferente.

Tanto en nuestros negocios como en el ministerio, Otoniel y yo acostumbramos a hacer un ejercicio que muchos llaman "brainstorming", es decir, producir una lluvia de ideas. Pero, en nuestro caso, algo que nos caracteriza es cuando abrimos el foro para producir "ideas locas". Nuestro personal más cercano conoce que promovemos la producción de ideas, por más loca, anormal o fuera de lo común que parezca. Muchas veces terminamos en risa, haciendo chistes por el nuevo nivel de locura que hemos alcanzado. Pero la realidad es que en medio de esos ejercicios han nacido las ideas más innovadoras que nos han dado muchas ventajas competitivas en ambas esferas, el emprendedurismo y el ministerio.

Los científicos siguen en la búsqueda de resolver el enigma de si la inteligencia es genética o provocada por el entorno. No te quiero aburrir con la data científica. La realidad es que es la combinación de ambas. Pero, estoy convencida de que independientemente de la genética (exceptuando casos médicos extremos), lo que hagamos con nuestro medio ambiente tiene tanta influencia en nuestros resultados, como la actitud y el ánimo que le ponemos a la producción de esos cambios. Igualmente, no importa la cantidad de inteligencia genética que tengas, si no haces nada con eso.

La imagen y la etiqueta que le pongas a tus propios pensamientos será fundamental en tu éxito o fracaso personal. Tu manera de formular conceptos y tus hábitos mentales te facilitan el desarrollo de tu potencial, que no dudes que es enorme, y puede comenzar desde hoy. Consciente de los estilos de pensamiento que te expliqué aquí, tú tienes la capacidad de organizar la información en tu mente para promover o rechazar los esquemas que automáticamente se forman, y fluir en tus pensamientos.

La creatividad no se determina solo con el coeficiente intelectual; de hecho, ser capaz de desarrollar un pensamiento divergente es mucho más relevante para una mente creativa. Promover pensamientos no tradicionales por medio del pensamiento divergente promueve a su vez actitudes como la curiosidad, la proactividad, el inconformismo, y la capacidad de arriesgarse.

Como es lógico, esta capacidad les saldrá más naturalmente a las mujeres que hayan tenido crianzas donde se haya promovido la libertad de expresión artística o se haya dado espacio para la individualidad. Pero sin importar tu crianza, tú no tienes que resignarte a hacer las cosas como "siempre las has hecho" o de las formas tradicionales, es decir, como la hacen las demás. Si te dicen que te estás complicando porque las haces diferente, sigue leyendo…

EL "COMPLEJO" PENSAMIENTO DE LA MUJER

Con frecuencia a las mujeres se nos acusa de complicar las cosas. Es cierto. Te explico.

El cerebro femenino tiene más interconexiones neuronales y eso nos hace mejores en cuanto a asimilar e integrar información.[13] Al pensar, observamos el panorama completo, analizamos la situación, y tomamos en consideración las relaciones y las emociones. Ya que tenemos una memoria mejor, también tenemos en cuenta los recuerdos.[14] ¿Te das cuenta de las decisiones pensadas y sensatas que tomas incluyendo todos esos factores, y cuán creativa puedes llegar a ser? ¿No estás orgullosa de ser "complicada"? Analiza lo leído y verás que has estado usando los tres estilos de pensamiento, porque tu cerebro nació más interconectado. Tu proceso de pensamiento es naturalmente complejo.

Siempre va a haber algo extra, fuera de lo común, que puedas hacer. Lo importante es que no te des por vencida. No tengas miedo a ser destacada en lo poco tradicional. Desarrolla tu pensamiento creativo gradualmente, y más importante que su nivel de intensidad, desarrolla tu pensamiento creativo a lo largo de toda tu vida.

13. Consulta en línea: https://www.livescience.com/3808-men-women-differently.html.
14. Consulta en línea: https://www.powerofpositivity.com/ways-men-women-think-differently/.

Si no tuviste experiencias de expresión artística en tu niñez, nada te impide procurarlas ahora. Entra a la universidad de YouTube o cualquier plataforma que enseñe cursos en línea y comienza a fomentar tu creatividad comenzando ya.

NO PERMITAS QUE LAS CREENCIAS LIMITANTES DE OTROS TE DETENGAN A TI.

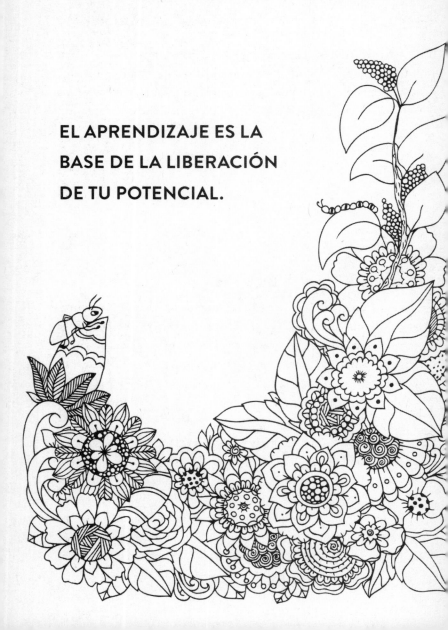

EL APRENDIZAJE ES LA
BASE DE LA LIBERACIÓN
DE TU POTENCIAL.

9

TU CURIOSIDAD ACTIVA TU YO CREATIVO

Cuando nos encontramos ante una situación que por alguna razón llama nuestra atención, automáticamente se despierta nuestra curiosidad. El ser humano es curioso por naturaleza. Esta no es una cualidad reservada para las "chismosas" ... que la curiosidad "las mata", como al gato. La curiosidad es típica ante cualquier situación que llama nuestro interés, que nos provoca cuestionamientos.

De hecho, un dato curioso que no muchas personas conocen es la raíz que dio paso a esa famosa frase que dice "el chisme no me gusta, pero me entretiene" y que se dice proyectando un alto nivel de satisfacción cuando se pronuncia esa palabra final de la frase "entretiene". La realidad es que está científicamente probado que la curiosidad estimula en el sistema nervioso la secreción del neurotransmisor llamado dopamina, que es el encargado de aumentar el placer. El chisme es atractivo, entre muchas cosas porque por causa de la dopamina se siente como placer el nivel elevado de curiosidad.

Hago la aclaración que de ninguna manera estoy promoviendo que sean chismosas. Nada más lejos de la verdad. La Biblia es clara en cuanto a lo que dice de los chismosos. La palabra hebrea traducida como "chisme" en el Antiguo Testamento es definida como alguien que revela secretos. Pablo revela la naturaleza pecaminosa declarando cómo Dios trató con aquellos que rechazaron sus leyes. Fíjate quienes estaban incluidos entre estos. Romanos 1:29-32 (RVR 1960) dice:

> *...Llenos de envidia, homicidios, contiendas, engaños y malignidades; **murmuradores**, detractores, aborrecedores de Dios, injuriosos, soberbios, altivos, inventores de males, desobedientes a los padres, necios, desleales, sin afecto natural, implacables, sin misericordia; quienes habiendo entendido el juicio de Dios, que los que practican tales cosas son dignos de muerte, no sólo las hacen, **sino que también se complacen con los que las practican**.*

Pablo mismo reconoce que, aunque el chisme puede causar placer, sigue estando tan mal, que se cuenta entre los detractores, injuriosos, soberbios y todos los males que detalla este verso.

En 1 Timoteo 5:13, Pablo advierte una vez más a las viudas diciendo que no deben entretenerse con el hábito del chisme y estar ociosas. Aunque la mayoría de los chismes pueden ser inofensivos, lo cierto es que muchas veces implican un juicio negativo sobre la persona de quien se habla. No caigas en el error de permitir que se siga propagando la fama de que el chisme es un pasatiempo femenino. No promuevas hablar mal de las personas. No promuevas compartir información que otros no quieren que se conozca. No participes de conversaciones donde se hacen comentarios groseros o descaradamente falsos.

Ante la novedad que enciende la curiosidad en nosotros se activan la memoria, el interés y la observación. Estos elementos contribuyen a los procesos cognitivos y de ahí se produce la motivación que necesitamos para impulsar nuestro aprendizaje. Esa motivación a su vez despierta el interés y estimula el interés de encontrar la respuesta. En otras palabras, ¡alerta a la curiosidad!

CURIOSIDAD Y APRENDIZAJE

Otro dato interesante acerca de la curiosidad es que los datos de muchos estudios son consistentes con el resultado de que las personas curiosas aprenden más y mejor, y producen habilidades cognitivas más elevadas.

En la infancia, el medio ambiente y nuestra interacción con los otros seres humanos y con el mundo en general, se conoce desde la curiosidad. En los "terribles dos" comienza esa fase que todas las madres recordamos… los terribles "¿por qué?". Ese tiempo entre 2 y 4 años se reconoce la "edad de las preguntas", ya que es el momento donde el lenguaje es el instrumento para saciar la curiosidad. En esta etapa los niños cuestionan todo lo que les rodea, desde lo más abstracto hasta lo más concreto, y una pregunta suele llevar a la otra. En esa edad, todo despierta la curiosidad.

En los "terribles dos" es indispensable saciar esa curiosidad y proveer el conocimiento que se busca, y en la edad que tengas ahora, debe ser así también. De la misma forma que existe la pedagogía (el arte de educar y enseñar a los niños), existe la andragogía (conjunto de técnicas de enseñanza orientadas a educar personas adultas).

Una diferencia fundamental entre la pedagogía y la andragogía es que la pedagogía se implementa como un deber. Tanto es el deber que caracteriza a la pedagogía, que no llevar a los hijos al colegio se puede constituir en un delito, abuso infantil e incluso puede tener hasta pena de cárcel.

La andragogía no es obligatoria, de hecho, esta ciencia se constituye desde el deseo del adulto y no se produce por causa de ninguna obligación legal ni moral. La andragogía es una forma para trazar y alcanzar metas, afianzar valores, promover actitudes positivas, y muchísimos beneficios más. Pero a diferencia de la pedagogía, la andragogía no es impuesta, sino adoptada voluntariamente; el aprendizaje en la etapa adulta es el producto de la autogestión. Cuando un adulto propicia su autoaprendizaje, la creatividad y autorrealización se convierten en el resultado inminente.

De hecho, el elemento principal para alimentar la curiosidad en nuestra etapa adulta es precisamente la ampliación de nuestro conocimiento. La formación educativa de forma continua puede tener muchas bases. Puedes educarte en las labores características de la vida cotidiana de una mujer.

Por ejemplo, desde el embarazo con mi hija Joanirie entre el 1995-1996, me hice una devoradora de libros de gestación y crianza temprana. O sea, cuando digo devoradora, es que en ese año debo haber leído más de 100 libros sobre el tema. Muchas mujeres me piden que escriba libros acerca de esto. No está en mis planes por el momento, pero con sinceridad no lo descarto. Mi preparación en el tema es vasta y mi experiencia como madre habla por sí sola. Lo que es importante que sepas es que la única razón por la cual mi maternidad ha sido tan satisfactoria es que ha sido producto de mi autogestión de prepararme para esa etapa de mi vida.

Así mismo, puedes educarte para el matrimonio, el cuidado de nuestras casas, el enriquecimiento de nuestras familias, nuestra vida profesional, la Palabra de Dios, o cualquier arte o destreza creativa que te llame la atención. El cielo es el límite en cuanto a las posibilidades de aprendizaje que tenemos hoy en día. La realidad actual y los cambios significativos en "la nueva normalidad" post pandemia, la globalización, y los avances tecnológicos nos permiten añadir valor a todas las áreas de nuestra vida. No desestimes el poder que tienen aún para nuestra rutina del día a día.

Lo he mencionado varias veces y hago hincapié una vez más aquí. Amo, adoro, me encanta, me apasiona aprender de cosas como cocina, costura, y *hacks* (se refiere a modificaciones que podemos hacer a asuntos triviales para hacer algo mejor, más efectivo o rápido). Sencillamente, me encanta. Aunque no son temas modulares para mi desarrollo profesional, créeme cuando te digo que la mera curiosidad en esos temas añade en gran manera a todas las otras áreas de mi vida.

Tan importante es la educación para mí, que he cursado estudios universitarios toda mi vida adulta. Actualmente, estoy terminando mi grado en psicología. Estudio en línea. El paso es lento por causa de mis múltiples responsabilidades y limitaciones con el tiempo, pero seguro y satisfactorio. Leo a diario. Siempre estoy aprendiendo algo. Durante la pandemia me ocupé de maximizar mi tiempo de estudio. Leí libros que anhelaba hacía mucho tiempo. Me matriculé en una clase extra en la universidad. Me matriculé en cursos pequeños de emprendedurismo, caligrafía, hice mi certificación de coach, e incluso hice dos certificaciones de interpretación de avalúos profesionales. Animo a todas las mujeres a estudiar algo; lo que sea.

Muchas veces le he dicho a mi esposo que cuando nos retiremos del ministerio anhelo tomar clases de cocina. Pero para ser chef profesional, en casa. Amo la cocina. No me interesa tener un restaurant ni trabajar en uno. Me interesa aprender mejor algo que me interesa y me apasiona tanto. Al menos una o dos veces al mes procuro aprender una nueva receta. La estudio, la planifico e incluso comparto la experiencia de aprendizaje con mis hijas. A cada país que viajamos, procuro comprar un libro de cocina y perfeccionar alguna receta característica del lugar.

Claro, ese nivel de aprendizaje lo podemos llamar nivel "Da Vinci". Leonardo da Vinci es reconocido por 7 principios que usaba para potenciar su creatividad. Entre ellos, el más destacado es la curiosidad. Te recuerdo que a Leonardo da Vinci se le atribuyen inventos increíbles como el helicóptero (que fue construido en el 1940, pero 400 años antes ya Leonardo había pensado en esa hélice para volar), los cañones, el paracaídas, reloj (creó un reloj más preciso que los creados para su tiempo), el vehículo blindado, equipo de buceo, puente giratorio. Su alto interés por los pájaros lo llevó a interesarse por el tema de volar para el ser humano. Por algo, Da Vinci es considerado como la persona más creativa en la historia de la humanidad.

Pocos conocen que fue su trabajo lo que dio lugar a su inmensa creatividad. Da Vinci trabajaba como productor de desfiles de la corte de uno de los hombres más importantes de Italia, el Duque de Milán, Ludovico Sforza. Parte del trabajo de Da Vinci era crear mundos de fantasía para desarrollar las obras de teatro, desfiles y espectáculos para el duque.

Las mujeres somos expertas en producción. Hoy en día, solo para mis hijas he producido 62 fiestas de cumpleaños. Fácil. Normal. A Joanirie y Janaimar les hice 21 fiestas a cada una. Hasta el día de hoy llevo 11 para Jenibelle y 9 para Jillianne. Añadamos las celebraciones navideñas, cenas de Acción de Gracias, Día de Madres, Padres, y cumpleaños de mi esposo y familiares, bodas, quinceañeros, todos los eventos escolares para los cuales como madres producimos disfraces, platos especiales.

En mi caso, lo que muchos pueden resolver con varios familiares y una torta para mí se convierte en una producción. Pero así soy yo, así es mi personalidad y mi familia lo disfruta. Todos los cumpleaños de las niñas siempre han tenido un "motivo". Así le llamamos a la persona o temática que le damos a la fiesta. Yo me los he disfrutado todos, y ellas también.

Nosotras las mujeres tenemos experiencia en producción masiva y a veces ni nos percatamos de eso. De su experiencia en producción Da Vinci sacó todo lo que te mencioné antes.

Puede ser que nuestras producciones no tengan productos tan destacados, pero no pienses que la satisfacción de tu familia y el disfrute de esos momentos especiales son sin recompensa.

CÓMO ACTIVAR LA CURIOSIDAD

De todas las experiencias que en nuestra vida como mujeres tenemos para activar nuestra curiosidad te comento varias:

1. Piensa como niña

   Es maravilloso remontarse a nuestra niñez. Doy gracias a Dios por mis padres y mis hermanos. Yo tuve una infancia de juegos, mundos de fantasía, risas, amigos. A través de la maternidad he vuelto a vivir muchos momentos. Intencionalmente, he procurado que mis hijas tengan esa misma experiencia de disfrutar su infancia.

   Ya como mujeres, no podemos pensar que nuestro trabajo se limita a criar con el sombrero de mamá solamente. Toma el tiempo de disfrutar de la infancia de tus hijos, o los niños que tengas cerca con ellos. Por ejemplo, uno de mis grandes disfrutes en los cumpleaños de mis hijas es precisamente procurar que todos los niños tengan una hermosa experiencia de juegos y diversión. En las festividades familiares hacemos igual. Es maravilloso ponernos los espejuelos de niñez, mirar como niñas cada momento y disfrutarlo en su totalidad. Nunca dejes morir la niña que vive en ti.

2. Haz preguntas

En mi clase de Español Comercial en la Universidad el primer día de clases la profesora dijo: "La única pregunta incorrecta es la que no se hace". Siempre he sido "preguntona". O sea, yo como que nunca salí de esa etapa de los "terribles dos". Escuchar esa frase fue como si se encendiera un bombillo dentro de mí, me dio paz, y me motivó a mantener la mente alerta a buscar más allá.

Las preguntas no deben ser ni para encontrarle cinco patas al gato, ni para darle vueltas interminables a un asunto. Tus preguntas siempre deben ser para traer claridad. Aprende a preguntar, las veces que necesites, hasta que puedas entender conceptos nuevos y crear mapas mentales que te ayuden a internalizar.

He tenido muchas veces la oportunidad de enseñar, y siempre invito a las preguntas. Las preguntas son un componente esencial del pensamiento crítico, ayudan a internalizar conceptos y resolver problemas. Incluso, tu autodescubrimiento más poderoso lo tendrás cuando aprendas a hacerte preguntas a ti misma.

3. Observa

Observar es cuando miramos con detenimiento. Mientras más miras un objeto, situación, panorama, más cosas puedes descubrir de ellos. Por ejemplo, por medio de la observación puedes encontrar usos alternos de cosas que siempre has usado de la misma manera. Observar tiene que ver con visión. Bien dice la Biblia en Proverbios 29:18 (LBLA): *"Donde no hay visión, el pueblo se desenfrena"*. Por medio de la observación podemos medir y evaluar el mundo a nuestro alrededor. La observación es un desafío personal que te lleva a ver lo que a simple ojo no se percibe.

LA CREATIVIDAD NOS AYUDA A LIBERAR TODOS LOS RECURSOS INTERNOS Y EXTERNOS.

10

CREE Y CREARÁS

Clama a mí, y yo te responderé, y te enseñaré cosas
grandes y ocultas que tú no conoces.
—Jeremías 33:3 (RVR 1960)

El profeta Jeremías estaba pasando por un momento difícil y angustioso. Estaba siendo amenazado, perseguido, y el rey había dado órdenes de que Jeremías fuera encarcelado. Pero en medio de esas circunstancias, Dios le hace a Jeremías una predicción de que el pueblo sería restaurado, la ciudad sería reconstruida y que Dios haría un nuevo pacto con su pueblo.

Dios habla en tiempos de tranquilidad y seguridad, al igual que nos habla en tiempos de angustia y peligro. En los momentos difíciles, de estancamiento e incertidumbre hacia el futuro, como hijas de Dios siempre podemos recurrir a la fe.

Bíblicamente, la fe se define como *"la certeza de lo que se espera, la convicción de lo que no se ve"* (Hebreos 11:1, LBLA, RVR 1960). Como cristianos, nuestra fe está basada en que Dios concederá aquello que esperamos de parte de Él (de acuerdo con su voluntad), que Dios es real en nuestras vidas y que recibimos revelación de parte de Él.

Dios puso fe en el corazón del ser humano y nosotros decidimos cómo usamos la fe. Nuestra fe comienza en lo más profundo de nuestro corazón y nos impulsa a ver su manifestación a través de nuestras acciones, palabras y decisiones.

En cuanto a la fe y la creatividad, presta atención por un momento a Hebreos 11:3 (RVR 1960):

> *Por la fe entendemos haber sido constituido el universo*
> *por la palabra de Dios, de modo que lo que se ve fue hecho*
> *de lo que no se veía.*

Fíjate que tanto Jeremías como Hebreos nos hablan de la relación que hay entre la relación con Dios y la fe, y el poder de ver, producir o sacar algo de donde no había nada.

Todo lo que vemos fue creado por alguien. Desde un lápiz, hasta la más sofisticada de las computadoras fueron creados por alguien. Hubo un día que esas cosas no existían. En algún momento llegaron al corazón de alguien que las manifestó en el mundo real. Esa "inspiración" es el producto de la fe. Algo no estaba, y luego está por causa de la fe. Alguien se convenció a sí mismo para que se manifestara la certeza de lo que no se veía.

Creer y crear van de la mano.

Creer es un acto humano que va de la mano de lo espiritual. Crear es un acto humano que va de la mano de la inspiración.

La práctica de la creatividad tiene el poder de nutrir cualquier proceso. Ya hemos hecho claro que el proceso creativo no se limita a la expresión artística, sino que está disponible para todo lo que visualicemos, anhelemos y lleguemos a crear.

Por medio de la fe alcanzamos tres cosas para impulsar nuestra creatividad. Tal y como vemos en Jeremías, por medio de la fe clamamos a Dios, creemos que Dios nos responde y recibimos revelación de Dios para ver lo oculto, lo que hasta ese momento de fe no conocemos.

Dios le da una instrucción clara a Jeremías; le dice, *"clama a mí"*. A lo largo y ancho de la Biblia, no solamente tenemos a un Dios exhortándonos a que clamemos, acudamos y le pidamos a Él, sino que vemos a un Dios que responde a ese clamor. La invitación de Dios para acudir a Él es consistente y permanente.

En tus momentos de estancamiento, clama a Dios. En tus momentos de oscuridad, clama a Dios. En los momentos donde te falte visión, clama a Dios. En los momentos donde necesites una idea, clama a Dios. En los momentos donde necesites ver el camino, clama a Dios. Yo tengo que dar fe de que, en mis momentos de creatividad, siempre siento a Dios presente, y en los momentos donde necesito creatividad clamar a Él siempre da resultados.

Mientras puede ser inquietante estar delante de la incertidumbre de tener un lienzo vacío en cualquier área de nuestra vida, la verdad de la fe es que cuando creemos en Dios, y clamamos a Él, siempre llegará respuesta divina. Nuestra creatividad es impulsada por esa respuesta en forma de inspiración divina.

La respuesta vendrá y Dios quiere que reconozcas quién fue el que te respondió. No es suficiente anhelar manifestar algo divino, sin ver claramente quién es el dador de esas posibilidades, y no es otro, sino aquel que se hace disponible para responder siempre que clamemos a Él. Sin duda, algunos temen que han invocado o que han llamado y no hubo respuesta. Pero cree que Él te responderá y ciertamente lo hará a su tiempo. Quizás algunas de ustedes necesiten ayuda en su fe para creer en esa respuesta divina. Hoy te digo que Dios nunca falla.

Si crees, verás cosas grandes, cosas ocultas, cosas que no conoces, cosas que ojo no ha visto, ni oído ha escuchado. Cree esa palabra de Jeremías que nos dice que, si clamamos, Dios nos mostrará cosas que nadie conoce. Dios está esperando que clames a Él y uses tu fe para mostrarte misterios escondidos. Dios quiere dar revelación a tu vida. Por medio de la fe, tu creatividad se convierte en un instrumento para tocar el mundo espiritual y bajar diseños de Dios a la tierra.

No conocemos con certeza la voluntad de Dios para todos los asuntos. Sí sabemos que su voluntad nunca va a contradecir su Palabra. Y por medio de esa misma Palabra, sabemos que Él ha preparado grandes cosas para nosotros sus hijos, y que muchas de esas cosas todavía están ocultas y excepto que lo hagamos a través de la fe, no lo podremos imaginar.

Muchos cristianos quieren que Dios piense a su manera. Su tiempo de oración va dirigido a convencer a Dios de ver sus puntos, validar sus sentimientos e incluso mover la mano de Dios para satisfacer sus caprichos. Cuando hacemos uso de la fe, la creatividad se activa en favor de que nosotros veamos lo que Él ve y que nuestra condición humana lo mantiene oculto. Los caminos, las formas y los pensamientos de Dios siempre van a ser superiores a los nuestros.

Cuando el pueblo de Israel se encontraba frente al mar y con un ejército persiguiéndolo a sus espaldas, no se veía camino. Había un camino secreto que estaba escondido bajo el Mar Rojo. Los ojos del hombre no podían ver el camino, y te garantizo que ninguno de los que estaba allí podía ni imaginarse lo que iba a pasar frente a ellos y cómo Dios los iba a liberar.

En el desierto y con gran sed, el pueblo de Israel estaba frente a las aguas de Mara. No podían beber esa agua, porque era amarga. Dice Éxodo 15:25 (RVR 1960): *"Y Moisés clamó a Jehová, y Jehová le mostró un árbol; y lo echó en las aguas, y las aguas se endulzaron"*. Una vez más, Dios tenía respuesta donde el pueblo no la tenía.

La creatividad de Dios siempre va por encima de la nuestra, pero Dios nos ama tanto que la hace disponible para todo aquel que así lo crea: ¡por fe! Cuando tú no tienes un plan, Dios siempre tiene no uno, sino muchos planes preparados para ti. El secreto para darle rienda suelta a nuestra creatividad es simplemente poner la fe a funcionar en nuestra vida.

Así mismo, en Juan 2:7-9, ¿quién se iba a imaginar que Dios iba a tornar el agua en vino? Ante la tumba de Lázaro y el dolor de su familia, ¿quién se iba a imaginar que la pronunciación de *"¡Lázaro, ven fuera!"* (Juan 11:43, LBLA, RVR 1960, RVC) haría que el muerto saliera de la tumba con manos atadas y pies con vendas, pero vivo? Dios tiene la respuesta a todo lo oculto. Lo que hoy no puedes ni imaginar, Dios lo sabe.

VIVES EN FE Y CREAS A DIARIO... ¿NO LO VES?

Los seres humanos creamos hábitos y vivimos a diario sin darnos cuenta de que esas respuestas automáticas a despertar, salir de la cama, desayunar, vestirnos y planificar lo que haremos durante el día son actos de fe. Todo lo hacemos con normalidad, sin pensar, con un grado de automatización. ¡Date cuenta de que es fe!

Planificamos el día anterior y pensamos en lo que vamos a hacer hoy porque tenemos fe en que habrá un día después de otro, y en que haremos lo que siempre hacemos. Vivimos en una fe implícita, dando por sentado hasta la vida misma. Ponemos creatividad, aunque sea en un nivel sencillo, hasta en cómo peinarnos y vestirnos. en lo más mínimo que hacemos.

Sabemos que hay gradaciones y niveles en la creatividad, pero pasamos por alto la creatividad en su expresión más práctica, como preparar un café para tu esposo. Tienes fe dentro de ti para dirigir tu creatividad, desde la más sencilla hasta la más compleja. Deja de vivir como un autómata y vive cada día mirando cómo la fe rige tus detalles y tu capacidad para crear esas cosas pequeñas que insistes en no percibir. Entonces, dirige tu intención para creer que puedes crear lo más grande que persigues en tu vida.

EL MAYOR BENEFICIO DE IMPULSAR NUESTRA CREATIVIDAD ES ALCANZAR EL DESARROLLO DE NUESTRO MÁXIMO POTENCIAL.

EL POTENCIAL QUE LLEVAS DENTRO
DE TI NO SIGNIFICA NADA HASTA
QUE LO EXPRESAS.

11

CUANDO NOS BLOQUEAMOS

"Me quedé bloqueada", "Me quedé en blanco", "No sé que hacer" son frases que decimos cuando deja de fluir la creatividad en nosotros. Comienzo haciendo la aclaración de que estar bloqueada y sentirse bloqueada son dos cosas diferentes. Estar bloqueada es la realidad de no tener resultados, que no salga nada de adentro de nosotras; cuando no hay progreso, adelanto, y no está fluyendo nada.

Para decir que estás bloqueada tiene que haber una medida. Y esa medida tiene que decir que el resultado es cero. Si de repente dices, "bueno, algo sí está saliendo de mí, pero no es lo que yo quisiera", eso no es un bloqueo. Eso es que no estás rindiendo los resultados que tú esperas, o simplemente no estás satisfecha con el producto de tu creatividad, pero no quiere decir que nada bueno vuelva a salir de ti.

Esto suele suceder cuando nos medimos con otras personas. Si te andas midiendo con otra persona e inconscientemente compites con ella, claro que no vas a sentir que avanzas; te vas a sentir bloqueada y en blanco. Tú no tienes que probarle nada a nadie. Aún cuando alguien te subestime o te ofenda, no vivas tratando de demostrar nada. Al hacerlo, siempre vas a minimizar tus resultados y aunque haya progreso, no vas a poder verlo. Igualmente, no caigas en el error de medir tu progreso por los "supuestos" de la vida. Esos momentos en los que decimos "esto debería ser así" o "este es el resultado que deberíamos haber experimentado". La presión que muchas veces nos ponemos en estas áreas es la que produce el bloqueo en nosotros, y no al revés.

BLOQUEO MENTAL

El bloqueo mental puede llegar a nuestra vida por causa de cansancio, tensión, dolores o padecimientos físicos, y/o problemas de concentración, entre otros. El bloqueo mental es la interrupción de los procesos que sencillamente no nos permite pensar, reaccionar o funcionar en ciertas situaciones. El que sufre bloqueo mental se ve imposibilitado de actuar. El bloqueo mental genera frustración, ansiedad, culpa y vergüenza por la situación de imposibilidad en la que queda la persona. Se siente impotente por no haber podido reaccionar como hubiera querido.

Estoy segura de que en más de una ocasión has estado en una situación donde te paralizas y no puedes actuar, pensar ni decidir. A mí me ha pasado en momentos de tensión. Por ejemplo, cuando era muy pequeña recuerdo haber vivido un asalto a mano armada en el negocio de mi papá. Probablemente yo tendría 6 o 7 años. Es de las pocas veces en mi vida que literalmente me quedé paralizada y no podía moverme. Mi mente escuchaba. Mis ojos miraban. Pero con sinceridad no recuerdo y no puedo relatar los hechos porque sencillamente la tensión de ese momento de tener delante de mí unos ladrones enmascarados y con pistolas me dejó en blanco.

Siempre que nos bloqueamos la sensación es incomodísima. Incluso, puedes llegar a sentirte atrapada.

BLOQUEO EMOCIONAL

El bloqueo emocional es un mecanismo de defensa que produce el mismo organismo para proteger la salud mental en un momento tan traumatizante que la persona no puede absorberlo ni manejarlo. Algunas personas lo manifiestan como un *shutdown* o cerrándose y no reaccionando activamente a lo que está pasando. Otras personas "borran cinta", lo que significa que borran esa parte de la memoria momentáneamente. Otras personas bloquean interpretando el evento de la manera en que lo pueden manejar, dejando detalles fuera de la mente y recordando lo menos amenazante.

Muchas veces vendrán personas a ayudarte a salir de ese bloqueo y no puedes cerrarles las puertas. Cuando me encontraba escribiendo *Mujer, sueña*, muchas situaciones estresantes me llevaron a un bloqueo horrible. Estuve semanas sin tocar el manuscrito y con el compromiso de entregarlo. La paciencia de la casa publicadora y mi editora, Ofelia, fueron claves.

Un día, mi esposo me dijo: "Te vas hoy de viaje y terminas el libro". Yo casi lloraba porque le decía, "no sé cómo", y literalmente me llevó a un hotel y me dijo: "No salgas hasta que termines". Por un momento pude haber pensado, "me estás poniendo más presión". Preferí pensar que Otoniel entendía cuán importante era ese proyecto para mí y para los miles de mujeres que leerían ese libro, e hizo su parte. No sentí un "tener que terminar" de presión. Sentí un "tienes que terminar porque alguien lo necesita". Tú tienes que salir de tus bloqueos para bendecir a otros.

Cuando la carga emocional de lo ocurrido es insoportable, como la pérdida súbita de seres queridos, rupturas inesperadas en las relaciones, catástrofes y tragedias, el bloqueo alcanza un nivel de desconexión emocional, una paralización temporal de las emociones que permite a las personas seguir adelante el tiempo necesario y enfrentar el trauma poco a poco. Esta desconexión o bloqueo puede ser temporero o alcanzar niveles hasta el conocido síndrome de estrés post traumático que requiere atención profesional.

Otro problema de un bloqueo emocional es que se produzca ante situaciones en las que no solo no es necesario, sino que es más conveniente expresar las emociones y comunicarse. Entonces hay que aplicar técnicas para que las emociones fluyan de nuevo.

"Los síntomas de bloqueo emocional nos limitan…, ya que nos impiden expresarnos con claridad y… ser asertivos. Tras el bloqueo emocional hay temor, miedo a salir de una zona de confort que lejos de ser la solución, se convierte en el problema.

VIVIMOS EN UNA FE IMPLÍCITA, DANDO POR SENTADO HASTA LA VIDA MISMA.

Lo que inicialmente era un mecanismo de defensa ahora se ha convertido en una limitación."[15]

BLOQUEO CREATIVO

El bloqueo mental y el emocional obstruyen el fluir de la creatividad. Sin embargo, hay un bloque específicamente creativo, donde la persona que necesita o quiere entrar en su proceso de crear, lo intenta y no puede enfocarse en ello.

El bloqueo creativo ocurre por muchas razones:

+ Agotamiento físico, mental o emocional
+ Esfuerzo continuado, por muchas horas, de intentar crear algo que se necesita, y no lograrlo
+ Exceso de ideas fluyendo a la misma vez
+ Proyectos no concluidos que mentalmente no nos permiten abrir paso a nuevas ideas
+ Trabajar en el ambiente incorrecto
+ Confusión debida a demasiadas opiniones sobre el proyecto a crear
+ Inseguridad en torno al tema o proyecto a crear

CÓMO VOLVEMOS A FLUIR FUERA DE UN BLOQUEO

Cuando pensamos en el bloqueo emocional, es importante darte tiempo a poder asimilar la situación hasta que puedas manejarla y hacer unos ajustes emocionales. Según la

---

15. Consulta en línea: www.areahumana.es/bloqueo-mental/.

profundidad y la duración del bloqueo, podrías requerir ayuda experta.

El bloqueo mental requiere el examen de lo que te llevó a esa situación, y hacer lo posible por descansar mental y físicamente, reducir los niveles de estrés y retirarte un breve tiempo para examinar de lejos las situaciones, como si fueras un observador.

Del bloqueo creativo se puede salir reduciendo la presión de que "tienes" que crear el proyecto "ahora mismo". Utiliza técnicas de relajamiento, oración y/o meditación; aléjate del ambiente de trabajo un tiempo razonable; dedica tu tiempo a algo diferente de lo que estabas intentando hacer; y escribe en papel el plan de volver al proceso creativo.

NUNCA DEJES MORIR LA NIÑA QUE VIVE EN TI.

EL AUTÉNTICO APRENDIZAJE ES EL PRODUCTO DE LA CREATIVIDAD.

12

VENCE LOS
IMPEDIMENTOS

Está más que probado que el verdadero problema no es que no seamos creativas, es que no nos conocemos lo suficiente para saber la razón subyacente de lo que llamamos injustamente "falta de creatividad". Te presento los impedimentos más frecuentes y cómo vencerlos.

BAJA AUTOESTIMA

Cuando tenemos baja autoestima tendemos a pensar de forma negativa sobre nosotras mismas y nuestras capacidades, por lo que va a ser más difícil que podamos funcionar creativamente. Algunas señales de la baja autoestima son la autocrítica, tristeza crónica, autocompasión, melancolía, miedos, inseguridad y sentimientos de incompetencia.

La autoestima se trabaja por medio de nuestras creencias y palabras. En el libro *Mujer, valórate*, tienes muchas herramientas para cambiar las creencias que alimentan la baja autoestima. En cuanto a tus palabras, es importante identificar esas áreas donde piensas que "no puedes" o "es muy difícil" y sustituirlo por "sí puedo" o "lo voy a intentar".

La comparación también juega un papel importante en la autoestima. Cada persona es individual y sus circunstancias son únicas. Aprende a aceptarte como eres, con lo que tienes, y fluye desde tu yo para que tu experiencia única se transforme en aquello que anhelas.

TIMIDEZ

No confundas la timidez con la introversión. Los introvertidos son personas que suelen preferir estar a solas, pero que no temen los encuentros sociales. Los tímidos, por su parte, tienen un temor irracional por el contacto social. A veces, ese temor está basado en el miedo al rechazo o a ser juzgados. Muchas mujeres sufren timidez y, lamentablemente, en un mundo donde la sociedad valora el destacamento social, los tímidos son frecuentemente incomprendidos. Los tímidos no necesariamente nacen así. La mayoría de los psicólogos están de acuerdo que es una conducta aprendida, muchas veces infundida en la infancia.

Es importante que te quede claro que el miedo y el entusiasmo son provocados por la misma sustancia: la adrenalina. Fisiológicamente ambas emociones pueden parecerte distintas, pero biológicamente la respuesta de tu cuerpo es idéntica.

La única diferencia son tus expectativas: cuando esperas que algo malo ocurra, te invaden el miedo y la ansiedad. Pero cuando anticipas un final feliz, sonríes de entusiasmo.

Relajarse y aprender a confiar en uno mismo es fundamental para tomar control de la timidez. Reconocer una emoción negativa con tus propias palabras puede reducir la intensidad de esa misma emoción. Reconocer tu timidez o nerviosismo es una de las formas más sencillas de relajarte. Si es obvio que eres tímido, es mejor admitirlo que intentar ocultarlo a toda costa. Así ya no tendrás que esforzarte en ocultarlo y eso te quita mucha presión de encima.[16]

FRUSTRACIÓN

La frustración es el sentimiento que aparece en nuestras vidas cuando no conseguimos realizar nuestros proyectos, sueños y deseos. La frustración no permitirá a la persona seguir una línea de pensamiento, produciéndose el bloqueo, especialmente si la persona no tiene recursos internos que le permitan sobreponerse a los fracasos. Los sentimientos que la acompañan van relacionados con el momento personal que vivamos, aumentando así los sentimientos de ineficacia.

Para vencer la frustración, primero tenemos que aceptar que nos sentimos frustradas. Segundo, tenemos que reconocer la situación que nos causa la frustración. Tercero, debemos preguntarnos por qué la situación específica nos causó frustración. Cuarto, ¿cuáles eran nuestras expectativas, que, al no cumplirse, nos frustramos?

16. Consulta en línea: https://habilidadsocial.com/como-vencer-la-timidez/.

El próximo paso es evaluar cuánta responsabilidad tuvimos en esa situación. Si la misma estuvo y está totalmente fuera de nuestro control, le quitamos al sentimiento de frustración la carga de culpa e ira contra nosotras mismas que de seguro le habíamos añadido. Entonces dejamos ir intencionalmente el sentimiento de frustración y le decimos a nuestra creatividad que piense en un plan alterno, sustituto de aquello que nos trajo frustración.

Si en alguna forma fuimos responsables de nuestra frustración, pensemos en qué hicimos que no resultó a nuestro favor, dejemos ir la frustración, y dirijamos nuestra energía hacia una solución y una nueva propuesta que nos agrade al final. Cuando aceptamos la realidad, es cuando único podemos cambiarla… con creatividad.

Las cosas no siempre van a ocurrir como y cuando queremos, pero en medio de los cambios que nos da la vida, podemos renunciar al sentimiento de fracaso y frustración, aprender las lecciones, y movernos hacia adelante.

ESTRÉS

Este término comenzó a utilizarse en fisiología por Hans Selve (endocrinólogo de la Universidad de Montreal) en 1936. Selve definió el estrés como "un síndrome o conjunto de reacciones fisiológicas no específicas del organismo, a distintos agentes nocivos de naturaleza física o química presentes en el medio ambiente".[17]

17. Consulta en línea: https://revistadigital.inesem.es/gestion-integrada/como-se-origina-el-estres/#:~:text=Comenz%C3%B3%20a%20utilizarse%20en%20Fisiolog%C3%ADa,presentes%20en%20el%20medio%20ambiente%E2%80%9D.

El agotamiento mental, las presiones, el estrés extremo suelen causar un estado en donde nuestra mente ya no puede procesar los estímulos y se bloquea. Tener una alimentación saludable es una parte importante del cuidado personal y en conjunto con tener hábitos saludables, son dos claves importantísimas para vencer el estrés. Algunos de los hábitos que puedes fomentar para vencer el estrés son el ejercicio, la oración, el sueño y la risa.

El **ejercicio**, prácticamente en cualquier forma, ayuda a aliviar el estrés. Mantenerte activo puede aumentar los niveles de endorfinas que te hacen sentir bien y distraerte de tus preocupaciones cotidianas. Durante cualquier tipo de actividad física, el cuerpo libera endorfinas que actúan como un calmante natural para nuestro sistema nervioso.

El deporte también ayuda a absorber el cortisol, que es la hormona que se libera cuando el cuerpo experimenta estrés. Además, por causa de la oxigenación en el cerebro, el ejercicio nos ayuda a liberar la mente. Una de mis grandes motivaciones para ejercitarme es precisamente por estos datos que te comparto. Sinceramente, hacer ejercicios a mí me relaja y me ayuda a pensar mejor.

Una manera menos tangible de vencer el estrés es la **oración.** La oración surge desde un lugar de conexión entre nosotros mismos y Dios. Por medio de la oración puedes llegar a descubrir el significado de tu vida, conectarte con el mundo espiritual, soltar el control de lo presente y entregarlo en las manos de Dios. Por medio de la oración entras en contacto con tu espíritu, y física y mentalmente tendrás un mejor control de tu vida.

Desde los 13 años practico el hábito de orar como primera gestión en mi día en las madrugadas. Muchas mujeres me preguntan cómo he alcanzado muchos de mis logros personales, familiares, ministeriales y profesionales. Hoy, todavía no tengo respuesta a esa pregunta. Sinceramente, no sé cómo. Pero algo sí sé; hubiera sido imposible sin mi tiempo diario de oración.

Dormir bien es mi gran clave para vencer el estrés. En mi vida he descubierto que puedo manejar situaciones inesperadas y grandes cargas de trabajo, pero si a eso se le añade cansancio físico, todo se complica. Algo que he aprendido en mi vida adulta es a dormir (u obligarme a dormir) en medio de las situaciones más difíciles.

Esto lo aprendí de mi esposo, a quien de manera jocosa le digo que tiene "el sueño del bendito", porque en medio de cualquier situación tiene una capacidad magistral de poner la cabeza en la almohada y dormir profundamente. En medio de grandes situaciones, llegué a pasar noches en vela, pero no más. Desde el día que me propuse y entendí que el cansancio físico empeora cualquier situación, decidí no añadir un problema más y cuando digo que voy a dormir, duermo.

La falta de sueño provoca agotamiento, angustia, cambios en el humor, retraso en la reacción a los estímulos, empeoramiento de la memoria, cambios sensoriales y deterioro de las funciones cerebrales.[18] Las consecuencias de no dormir

18. Consulta en línea: https://muysaludable.sanitas.es/salud/insomnio-consejos-para-combatirlo/.

UNA PERSONA CREATIVA TOMA TODO
LO QUE LE PASA PARA CONSTRUIR,
Y NO PERMITE QUE LOS TROPIEZOS
LE DETENGAN.

repercuten inmediatamente en las tareas del día a día, y por supuesto que va a aportar al estrés. Establece una rutina de sueño saludable y cuando sea necesario, oblígate a dormir.

Reírse hace bien a todos. Una buena carcajada tiene excelentes efectos. Ante un momento de tensión, ¿alguna vez has experimentado un momento de humor? Estoy segura de que una risa desenfrenada, aún en un momento que pueda lucir "inapropiado", ha cambiado todo el ambiente. Cuando uno se empieza a reír, no solo alivia su carga mental, sino que realmente provoca cambios físicos en el cuerpo.

La risa estimula los órganos; mejora la toma de aire con alto contenido de oxígeno, estimula el corazón, los pulmones y los músculos, y aumenta las endorfinas que se liberan en el cerebro. La risa puede aumentar y luego disminuir la frecuencia cardíaca y la presión arterial, provocando una sensación agradable y relajada. La risa también puede estimular la circulación y ayudar a relajar los músculos, lo cual puede ayudar a reducir algunos de los síntomas físicos del estrés.[19]

ELEVADOS NIVELES DE EXIGENCIA

La exigencia propia o de los demás puede convertirse en un enemigo cuando supera los niveles soportables. Las exigencias personales exageradas pueden provenir de distintos ámbitos de nuestras vidas: personal, social, amoroso, familiar, académico, laboral, entre otros. El temor a no cumplir las expectativas puede detener los procesos creativos. Es muy

19. Consulta en línea: https://www.mayoclinic.org/es-es/healthy-lifestyle/stress-management/in-depth/stress-relief/art-20044456.

importante saber cuánto y cuándo exigirle a cada persona, y aún a nosotros mismos, para no causar el efecto contrario del que se busca.

Tal vez creciste en una familia en la cual no se toleraban los errores, o te enseñaron que siempre debías exigirte al máximo para sobresalir en relación con el promedio. Quizás creciste en un ambiente en el cual te valoraban y reconocían más cuando obtenías logros académicos o personales.

Los altos niveles de exigencia se relacionan con la actitud de presionarte constantemente para conseguir metas o cumplir estándares muy inalcanzables de rendimiento, que influyen sobre la imagen que tienes de ti misma.

Tener altas expectativas te puede ayudar a alcanzar metas. Pero la realidad es que expectativas imposibles de alcanzar e irracionales nos hacen mucho daño. Para ser libre de este mal tienes que entender que tu valía personal no depende de tus logros alcanzados. Si no consigues cumplir con tus estándares, es hora de repensarlos y traerlos a la realidad. Reducir el nivel de irrealismo con el que muchas veces nos exigimos a nosotras mismas requiere paciencia, voluntad, fortaleza interior. Aprende a anticipar los obstáculos a tus exigencias, y trabaja uno a la vez hasta que alcances tener el balance entre retarte lo suficiente de manera realista, para que haya crecimiento en tu vida sin permitir que sucumba tu estándar y te des por vencido sin intentar.

LA OBSERVACIÓN ES UN DESAFÍO PERSONAL QUE TE LLEVA A VER LO QUE A SIMPLE OJO NO SE PERCIBE.

CREA EL PRESENTE Y EL FUTURO

Cuando consideres tu creatividad en su máxima expresión, piensa, más allá de tus límites personales, en todo lo que estás capacitada para crear, construyendo fundamentos para tu presente y tu futuro.

CREA SABIDURÍA

La sabiduría viene de Dios y Él está dispuesto y queriendo que tú se la pidas.

> *Si alguno de ustedes requiere de sabiduría, pídasela a Dios, y él se la dará, pues Dios se la da a todos en abundancia y sin hacer ningún reproche.* (Santiago 1:5, RVC)

Rodéate de gente sabia. Los reyes de todas las naciones enviaban a sus embajadores a escuchar la sabiduría de

Salomón,[20] pero Sabaa fue ella misma a escucharlo. Ve y escucha.

Desde pequeña, todas las correcciones que recibía de mis maestros era que "hablaba mucho en el salón". Todas las veces que mi mamá iba a la escuela era lo mismo… "ella habla mucho". La verdad es que hablo. En serio, no son bromas. Mis hijas son iguales, todas hablan y hablan y hablan y no se callan. Pero de adulta he aprendido algo muy valioso, y te lo recomiendo hoy. He aprendido a escuchar. Hay muchas formas de crear sabiduría. Puedes leer libros, escuchar predicaciones, tomar clases.

Gracias a Dios por los tiempos que vivimos y porque las posibilidades de aprendizaje son demasiadas. Pero, he aprendido a recibir sabiduría escuchando. Cuando tengo delante de mí personas que han alcanzado cosas que anhelo y no he logrado, personas con mayor experiencia, he aprendido a callarme y escuchar. Escuchar es una de las formas en la que más sabiduría vas a adquirir. De vez en cuando, cállate y escucha a los demás. Te impresionará lo que aprenderás escuchando.

Mantén el silencio. En la abundancia de palabras no siempre está la sabiduría. La sabiduría va por encima de la pasión. Proverbios 17:27 (RVC) nos enseña: *"Sabio es quien cuida sus palabras; inteligente es quien tiene un espíritu prudente"*.

En mi caso yo leo un Proverbio todos los días. Proverbios tiene 31 capítulos y yo me encargo todos los días de leer un capítulo de Proverbios y te invito a que tú también hagas lo mismo todos los días. Lee un capítulo del libro de Proverbios

20. Ver 1 Reyes 4:34.

y así vas a tener mucha, mucha sabiduría. Vas a aprender muchas cosas importantes de la Palabra del Señor.

CREA UNA FAMILIA

Por lo tanto, ustedes ya no son extranjeros ni advenedizos, sino conciudadanos de los santos y miembros de la familia de Dios, y están edificados sobre el fundamento de los apóstoles y profetas, cuya principal piedra angular es Jesucristo mismo. En Cristo, todo el edificio, bien coordinado, va creciendo para llegar a ser un templo santo en el Señor; en Cristo, también ustedes son edificados en unión con él, para que allí habite Dios en el Espíritu.

(Efesios 2:19-22, RVC)

Debes crear una familia, independientemente de si estás casada o no, o si tienes hijos o no. ¿En cuál familia te ha puesto Dios? ¿Qué familia quiere Dios que nutras? Gálatas 6:10 (RVR 1960, RVC) nos insta a que *"según tengamos oportunidad, hagamos bien a todos, y mayormente a los de la familia de la fe"*. Tenemos una responsabilidad con nuestros propios hermanos en la fe. Esa es tu familia, aunque no tengas familia de sangre.

¿A quiénes estás uniendo a la familia de Dios? De la misma manera Dios espera de ti, mujer, que sigas compartiendo el mensaje de Jesús con el mundo. *"Por tanto, vayan y hagan discípulos en todas las naciones, y bautícenlos en el nombre del Padre, y del Hijo, y del Espíritu Santo"* (Mateo 28:19, RVC).

CREA SALUD

Los que me siguen en las redes saben que siempre estoy alentando a mis seguidores a que se ejerciten. Sin embargo, el ejercicio es simplemente una sola parte de la salud que debemos cuidar o crear en nuestras vidas. La salud involucra todo tu ser y Dios nos ha encomendado cuidar todo nuestro ser. Esa es parte de la mayordomía.

Para tener salud debes guardar tu corazón. *"Sobre toda cosa guardada, guarda tu corazón; porque de él mana la vida"*. Todas hemos leído Proverbios 4:23 (RVR 1960), pero a veces olvidamos aplicarlo. Dejamos que las emociones tomen control. Tomamos ofensa y olvidamos perdonar o vivir confiando en Dios. Si no te mantienes vigilante en estas áreas, irán deteriorando tu salud.

Alcanza tus metas de salud. Cuando el pueblo de Israel salió de Egipto, pasaron 40 años en un trayecto que la Biblia dice que les pudo haber tomado 40 días. Y no solo 40 años, sino que 40 años dando la vuelta al mismo lugar. En Números 14:11 (RVC), Dios les dice a través de Moisés: *"«¿Hasta cuándo este pueblo me va a seguir rechazando? ¿Hasta cuándo no van a creerme, a pesar de todas las señales que he hecho en medio de ellos?"*.

A mí me parece una locura que hayan pasado 40 años dando vueltas con la vista de la Tierra Prometida delante de ellos. ¿Sabes por qué? Porque estaba al alcance de su vista. Si piensas en algunas áreas de tu vida que has tardado mucho tiempo en alcanzar, tal vez algunas de las relacionadas a la salud están en esa lista.

No tengas tus metas a la vista, rodeándolas, así como el pueblo de Israel rodeó a la Tierra Prometida. Dios te da la habilidad de alcanzar tus metas. Si tienes que bajar de peso, si tienes que hacer ejercicio o si tienes que comer mejor, puedes implementarlo.

Obviamente hay situaciones de salud que se salen de tu control. Es ahí donde nos toca creer por sanidad. Hay quienes reciben una palabra de sanidad de parte del Señor, pero hay argumentos, pensamientos que dicen que, si un familiar murió de cáncer, entonces ellos van a morir también de cáncer. El doctor te pregunta todo el historial familiar, y él va a asumir que, si en tu familia hay problemas de diabetes o hipertensión, tú tienes altas probabilidades de también padecer de estas condiciones.

Pero tú tienes que entender que en tu vida hay una semilla que es la cura para el cáncer, para el SIDA, para la hipertensión, para las condiciones cardiacas. No se encuentra en una pastilla, en una farmacia, pero la encuentras en la semilla de la Palabra de Dios que dice que, no importa los antecedentes de salud de tu familia, si tú crees que puedes ser sano, para el que cree, todo es posible.

La Biblia dice que pondremos nuestras manos sobre los enfermos, y sanarán. Tu sanidad no viene de tus antecedentes, sino de la revelación de la Palabra de Dios en tu vida, pero esa Palabra debe tener profundidad y, para esto, tienes que derribar todo argumento, todo pensamiento negativo que se levante en contra de esa revelación.

ESCUCHAR ES UNA DE LAS FORMAS
EN LA QUE MÁS SABIDURÍA
VAS A ADQUIRIR.

CREA ABUNDANCIA

La Palabra del Señor nos dice en Proverbios 12:11 (RVR 1960): *"El que labra su tierra se saciará de pan, mas el que sigue a los vagabundos es falto de entendimiento."* No podemos vivir nuestra vida de una manera automática día en día sin medir si está siendo efectiva, si estamos rindiendo frutos, si estamos siendo productivos.

Cuando hablamos acerca de la productividad en la Biblia nos damos cuenta de que hay muchos versos como este de proveer. Por ejemplo, la famosa parábola de los talentos nos habla específicamente acerca de la productividad y qué es la productividad.

La productividad está asociada con la efectividad, la eficiencia y con el tiempo. Cuanto menos tiempo se invierte en lograr un resultado anhelado, entonces se determina que algo está siendo productivo. Por medio de la productividad también se pone a prueba la calidad de algo.

En el mundo de las empresas la productividad es importante para el crecimiento. Es importante también para aumentar la rentabilidad de algo cuando hablamos así en términos de las empresas. Una compañía es productiva cuando tiene buena calidad, tiene buena producción, cuando su eficiencia es buena, cuando innova, cuando hace uso de la tecnología, y cuando busca nuevos métodos de trabajo para hacer las cosas más efectivamente y en menos tiempo.

Si tú te fijas, cada una de las cosas que medimos en términos empresariales también aplican a nuestra vida y a lo que hacemos todos los días. Aplican a esas cosas a las que debemos prestar atención para saber si mi vida está siendo productiva o si mi vida no está teniendo la productividad que podría tener. A veces cuando hablamos de términos de productividad en nuestra vida muchas veces la religiosidad nos quiere hacer ver que estamos siendo materialistas. Pero tú tienes que prestar atención a algo. Fue Dios quien nos hizo y nos creó como materia. Y escúchame más: nos rodeó de infinidad de materia, de infinidad de recursos que nos toca administrar y nos toca aprovechar.

El beneficio de ser productivo es un beneficio para todos. Algo que no produce afecta a todas las cosas a su alrededor. El que sí produce es beneficio para todos. Vuelve a leer la parábola de los talentos de Mateo 25. Un día el Señor nos va a pedir cuentas acerca de los talentos, de las bendiciones y de todo lo que Él puso en nuestras manos.

Si tuviste algún negocio que cerró, déjalo atrás, y haz otra cosa que sea una necesidad hoy día: o te mueves con los tiempos, o te quedas embelesado mirando al cielo. Ha llegado el momento de movernos, porque si no haces nada, no recibirás nada.

CREA FELICIDAD

En cualquier medida, todos hemos experimentado dolor en algún momento. Algunas personas solo se quejan del dolor. Hay otros que ahogan, ocultan y disimulan ese dolor. Ninguna de estas dos le pone fin al dolor. Toma acción sobre tu dolor y deja que Dios sane tus heridas.

Durante este proceso, recuerda siempre tener buen ánimo todas las mañanas: esta es una decisión personal. Tú misma debes tomar acción para que eso sea así. Recuerda cada mañana que una sonrisa en tu rostro pintará un mejor panorama para ti y los tuyos. Este buen ánimo solo se consigue cuando le entregas tu vida a Dios y vives llena de su presencia.

Cuando vives llena de la presencia de Dios, tu rostro brilla, no paras de sonreír. El Dios Todopoderoso va a borrar los rastros del ayer, para que te olvides del tiempo que no has dormido, del tiempo de tus preocupaciones, y tu rostro cambie. Hoy Dios te va a dar el rostro que va de acuerdo con lo bueno, maravilloso y providente que Él ha sido contigo.

CREA CAMBIO

En los momentos de mayor crisis, Dios siempre envió a su pueblo a edificar. Cuando el pueblo de Egipto estaba siendo apresado por la guardia del faraón, Dios los mandó a edificar; cuando Jacob estaba huyendo, Dios lo mandó a edificar un altar. Hay personas que dejan de construir, por un momento difícil en su vida, donde su fe tambalea. En esos momentos que pasamos de tribulaciones, nuestra mente puede pasar por alto la instrucción que tengamos de parte de Dios, dado a que tus pensamientos están siendo bombardeados por la situación presente. Pero tu pensamiento debe ser: "Dios ha sido fiel, Él lo seguirá siendo, Él no hará excepción de esta situación, y yo así lo creo, en el nombre de Jesús".

En nuestra vida, suceden un sinnúmero de cosas, pero siempre llega algo que acapara toda nuestra atención. Cuando

Dios veía que esto le sucedía a su pueblo, Él los sacaba, dándoles una visión hacia el futuro y mandándolos a edificar. ¿Por qué? Porque, para edificar, se necesita fe. Para tener un matrimonio, para levantar a nuestros hijos, para construir una empresa, para emprender algo, necesitamos fe. Pero, cuando hablamos de tener fe, nos podemos preguntar en qué debemos tener fe; y la respuesta es que nuestra fe debe estar puesta en que Dios nos prosperará y completará todo lo que ha comenzado en nosotros. Dios no deja nada a medias; Él completa todo lo que comienza. Por ende, Él te dará fuerza, sabiduría, inteligencia y los instrumentos para poder terminarlo. Y, aunque parezca que los planes cambian, Dios siempre tiene la salida para tu situación.

Mira la vida a largo plazo: el camino que hemos decidido emprender siempre tendrá sus situaciones difíciles, incluso, pueden ser largos estos momentos de dificultad. Cuando esto suceda, recuerda siempre que cada día tiene un propósito más grande al que Dios te ha llamado, y puedes estar segura de que llegarás a ese gran reto. No debes quedarte en esa situación que te incomoda. Debes tener mirada de alto vuelo y saber que llegarás a ese gran propósito.

CREA LA VIDA QUE ANHELAS

Hoy no hay excusas para vivir por debajo de lo que Dios quiere para nosotros. Si de algo soy consciente en la vida es que las excusas no nos sirven. El tiempo de vivir tu mejor versión, tu mejor vida, es ahora. De nada sirve querer, sin hacer. Filipenses 2:13 (RVR 1960) nos dice que *"Dios es el que en vosotros* *produce así el **querer como el hacer**, por su buena voluntad"*. La buena voluntad de Dios es que en nosotros se produzca aquello que queremos.

Muchas mujeres viven frustradas y encerradas en vidas que no desean vivir. Oro para que ese no sea tu caso. De hecho, si algo he querido alcanzar con esta serie de libros es precisamente que las mujeres tengan herramientas y la motivación suficiente para vivir la vida que anhelan.

Hay algo que detesto de las novelas y de muchas películas: esa imagen de que la protagonista tiene que sufrir para luego en el último capítulo o en los últimos 5 minutos de la película alcanzar todos sus sueños. ¡No, señor! Tú puedes vivir tus sueños y la vida que anhelas todos los días de tu vida. Yo te motivo a que por medio de esta serie de libros así lo hagas. Tu creatividad no debe ir solo en pos de cosas palpables y físicas. Tu creatividad puede llegar a impactar tu vida de tal manera, que puedas vivir la vida que anhelas todos los días.

CUANDO LA VIDA NOS SORPRENDE, HAY QUE SALIR AL PASO.

TÚ PUEDES VIVIR TUS SUEÑOS Y LA VIDA QUE ANHELAS TODOS LOS DÍAS DE TU VIDA.

CONCLUSIÓN: LA MUJER QUE SE VALORA, SUEÑA CON CREAR Y EMPRENDER

Mi visión sigue siendo verte alzar vuelo para que tus sueños dejen de ser sueños y tu creatividad te lleve a emprender la nueva realidad en la que anhelas vivir. En el camino, me he motivado a estudiar más para crecer en sabiduría no solo por mí misma, sino también por ti. Siento la responsabilidad y la inspiración de aportar a tu vida lo que soy, para que veas con tus propios ojos y escuches que, igual que yo, puedes llegar a donde has soñado, creando tu mundo sin limitarte. Pienso, además, que ese es el llamado de una líder: ser alguien real, digna de emular.

En cada uno de mis tres primeros libros te he dado mi fórmula, que empieza con valorarte, creer en ti y tomar acción con fe y en actitud de vencedora.

Tengo corazón de emprendedora y he tenido éxito en diversas y grandes empresas. He disfrutado mis negocios, y he visto florecer y multiplicarse mis capacidades a través de ellos. Sin embargo, noto que tan pronto una persona escucha la palabra "emprender", piensa únicamente en un negocio físico, y muchas mujeres que conozco sueñan con crear precisamente eso. Y mis experiencias me han enseñado que "emprender" abarca los negocios y también conceptos mucho más amplios; incluso más creativos.

Para no dejarte curiosa, te anuncio mi próximo libro. Si aprendiste, creciste y disfrutaste este libro y los dos anteriores, no tienes idea de la experiencia que será leer mi próximo libro:

Mujer, emprende

¡Hasta pronto!